Tahar Ben Jelloun

Papa, was ist ein Fremder?

Gespräch mit meiner Tochter

Illustrationen von Charley Case

Rowohlt · Berlin

2. Auflage April 1999

Die Originalausgabe erschien 1998 unter
dem Titel ‹Le racisme expliqué à ma
fille› bei Éditions du Seuil, Paris

Lektorat Julia Kühn
Umschlaggestaltung Walter Hellmann
(Illustration: Charley Case)
Autorenfoto Seite 112 Bruno Barbey/MAGNUM
Layout Edith Lackmann, Hamburg
Satz aus der Apollo PostScript QuarkXPress 3.32
Gesamtherstellung Clausen & Bosse, Leck
Printed in Germany
ISBN 3 87134 372 2

Die Schreibweise entspricht den Regeln
der neuen Rechtschreibung.

– Für Mérièm –

Die Idee zu diesem Buch entstand, als ich am 22. Februar 1997 zusammen mit meiner zehnjährigen Tochter Mérièm gegen den Entwurf eines Gesetzes demonstrierte, das Ausländern die Einreise und den Aufenthalt in Frankreich erschweren sollte. Mérièm hat mir damals viele Fragen gestellt. Sie wollte wissen, warum wir demonstrierten, was manche Parolen bedeuteten, ob es zu etwas gut sei, protestierend durch die Straßen zu ziehen, usw.

So haben wir angefangen, über Fremdenfeindlichkeit und Rassismus zu sprechen. Und angeregt durch Mérièms Fragen und unsere Überlegungen, habe ich etwas darüber geschrieben. Das habe ich meiner Tochter vorgelesen und sie nach ihrer Meinung dazu gefragt. Danach musste ich fast alles neu schreiben. Ich musste komplizierte Worte ändern und schwierige Begriffe erklären. Eine weitere Lesung fand mit zwei ihrer Freundinnen statt. Ihre Reaktionen waren sehr interessant. Ich habe sie in den späteren Fassungen des Textes berücksichtigt.

Diesen Text habe ich mindestens fünfzehn Mal umgeschrieben, um ihn so klar und einfach wie möglich zu machen. Es soll ein Text für alle sein, auch wenn er in erster Linie für Kinder zwischen acht und vierzehn Jahren gedacht ist, denn ich gehe davon aus, dass jeder Kampf gegen Fremdenfeindlichkeit und Rassismus mit der Erziehung beginnt. Deshalb habe ich einen pädagogischen Text geschrieben. Ich hoffe, dass auch die Eltern der Kinder ihn lesen werden.

Ich möchte den Freunden danken, die netterweise den Text gelesen und mir ihre Gedanken mitgeteilt haben. Ein herzlicher Dank gilt auch Mérièms Freundinnen, die an der Ausarbeitung der Fragen beteiligt waren.

Papa, was ist Rassismus?

– Rassismus ist ein ziemlich verbreitetes Verhalten, das es in jedem Land gibt und das in manchen Ländern leider so alltäglich geworden ist, dass es vielen schon gar nicht mehr auffällt. Dieses rassistische Verhalten besteht darin, anderen Menschen zu misstrauen, sie zu verachten und ungerecht zu behandeln, und zwar nicht, weil sie uns etwas Schlimmes angetan hätten, sondern einzig und allein, weil sie anders aussehen oder aus einer anderen Kultur stammen als wir.

– Ist Rassismus denn normal?

– Nein. Nur weil ein Verhalten weit verbreitet ist, ist es noch lange nicht normal oder richtig. Al-

lerdings ist unser Misstrauen gegenüber Fremden so alt wie die Menschheit selbst. Dieses Misstrauen gibt es auf der ganzen Welt. Es betrifft alle.

– Wenn es alle betrifft, dann ist ja jeder ein Rassist!

– Nein, nur weil du einem Fremden misstraust, bist du noch kein Rassist. Dein anfängliches Misstrauen ist ganz natürlich, es ist ein Schutzinstinkt, denn du weißt ja noch nichts über die Absichten des anderen, vielleicht will er dich bestehlen oder zusammenschlagen, da bist du besser vorsichtig. Aber dieses Misstrauen wird sich meist in Vertrauen verwandeln, wenn du den anderen kennen lernst. Zum Rassisten wirst du erst, wenn du glaubst, dass der Fremde weniger wert ist als du und deshalb weniger gut behandelt werden sollte.

– Glaubst du, ich könnte so werden?

– Das hängt von deiner Erziehung ab. Von Natur aus ist kein Kind fremdenfeindlich, denn niemand wird als Rassist geboren. Und wenn deine Eltern, deine Familie oder deine Lehrer dir keine fremdenfeindlichen Ideen in den Kopf setzen, wirst du auch nicht fremdenfeindlich werden. Wenn man dir aber zum Beispiel einredete, dass weißhäutige Menschen schwarzhäutigen Menschen überlegen seien, und du diese Behauptung ernst nähmest, könnte das zur Folge haben, dass du Schwarze generell verachtest und schlecht behandelst. Du glaubst dann beispielsweise, dass Menschen mit weißer Haut grundsätzlich intelligenter als andersfarbige Menschen sind.

– Also kann eigentlich jeder ein Rassist werden?

– Grundsätzlich schon. Das hängt, wie gesagt, von deiner Erziehung ab. Aber wenn man das weiß, kann man verhindern, dass man selbst oder andere zu Rassisten werden. Denn leider passiert es häufig, dass wir jemanden verachten oder sogar schlecht behandeln, der uns nichts getan hat, einfach nur, weil er anders ist als wir. Jeder von uns kann einen schlechten Tag haben. Jemand, der uns fremd ist, nervt uns dann, wir finden uns besser als ihn, wir fühlen uns ihm überlegen, wir lehnen ihn ab, wir wollen ihn nicht zum Nachbarn, schon gar nicht zum Freund, einfach nur, weil er anders ist als wir.

– Wie anders?

– Nun, ein Beispiel dafür wäre das andere Geschlecht. Ein Mann unterscheidet sich von einer Frau und umgekehrt. Wenn es sich jedoch um Mann und Frau handelt, ziehen sich diese Gegensätze normalerweise an. Ansonsten ist jemand ‹anders›, weil er eine andere Sprache spricht, anders kocht, andere Bräuche oder eine andere Religion hat, auf eine andere Art lebt und feiert als wir. Es gibt also neben äußerlichen Unterschieden wie zum Beispiel Körpergröße, Hautfarbe und Gesichtszügen die Unterschiede im Verhalten, in den Überzeugungen, im Glauben und viele andere mehr.

– Heißt das, ein Rassist und Ausländerfeind mag nur seine eigene Sprache, nur Menschen mit seiner Hautfarbe und auch nur Speisen aus seinem eigenen Land?

– Nicht ganz: Ein Fremdenfeind kann andere Sprachen lieben und lernen, weil er sie für seine Arbeit oder seine Hobbys braucht, aber er kann gleichzeitig die Völker verachten, die diese Sprachen sprechen. Er kann sich zum Beispiel weigern, einem ausländischen Studenten ein Zimmer zu vermieten, und gleichzeitig mit Vorliebe in asiatischen Restaurants essen. Ein solcher Fremdenfeind sieht in allem, was sich zu sehr von ihm unterscheidet, eine Bedrohung.

– Es ist also der Rassist, der sich bedroht fühlt?

– Ja, denn er hat Angst vor jedem, der nicht so ist wie er. Ein Rassist hat Minderwertigkeitsgefühle gegenüber anderen oder leidet an Größenwahn. Das läuft auf das Gleiche hinaus, denn in beiden Fällen wird er andere verachten. Fremdenfeindliche Menschen sind unsichere Menschen, die Bestätigung brauchen. Sie ertragen es nicht, wenn an ihren Gewissheiten gerüttelt wird. Deshalb misstrauen sie allem Neuen und Fremden.

– Aus Angst?

– Oft haben wir Angst vor dem Unbekannten. Wir haben Angst im Dunkeln, weil wir da nicht sehen können, was auf uns zukommt. Wie im Dun-

keln fühlen wir uns auch dem Unbekannten gegenüber schutzlos ausgeliefert. Wir bilden uns furchtbare Dinge ein. Ohne jeden Grund. Völlig unlogisch. Manchmal gibt es überhaupt nichts, was unsere Angst rechtfertigen könnte, und dennoch haben wir Angst. Obwohl unsere Vernunft uns sagt, dass es keinen Grund für unsere Angst gibt, reagieren wir doch so, als gäbe es eine wirkliche Bedrohung. Auch für Fremdenfeindlichkeit und Fremdenhass gibt es keinen einzigen vernünftigen Grund. Nicht umsonst spricht man hier von der Xenophobie – das ist ein Fachbegriff, der so viel bedeutet wie ‹die krankhafte Angst vor dem Fremden›.

– Papa, wenn fremdenfeindliche Menschen Angst haben, muss der Anführer der Partei, die die Ausländer hasst, doch ständig Angst haben. Aber jedes Mal, wenn er im Fernsehen kommt, bekomme ich Angst! Er brüllt, bedroht den Journalisten und schlägt auf den Tisch ein.

– Ja, aber der Politiker, von dem du sprichst, ist für seine Aggressivität bekannt. Sein Hass macht ihn so gewalttätig. Er nutzt die Unwissenheit vieler Menschen aus und erzählt ihnen Lügen, um ihnen Angst einzujagen. Manchmal nutzt er auch die tatsächlich vorhandene Angst der Menschen aus. Zum Beispiel schürt er ihre Angst vor Arbeitslosigkeit, wenn er ihnen sagt, dass die Ausländer nach Frankreich kommen, um den Franzosen die Arbeit wegzunehmen, Sozialhilfe zu kassieren und sich umsonst in den Krankenhäusern behandeln zu lassen. Das stimmt nicht. Oft übernehmen die Ausländer die Jobs, die die Franzosen nicht wollen. Sie zahlen Steuern, Krankenversicherung, Arbeitslosenversicherung und Rentenversicherung; sie haben ein Recht auf Versorgung, wenn sie krank, arbeitslos oder alt werden. Die Arbeit der Ausländer ist sehr wichtig für uns – falls morgen alle Ausländer aus unserem Land ausgewiesen würden, würde unsere Wirtschaft zusammenbrechen.

– Ich verstehe. Der Ausländerfeind hat also grundlos Angst.

– Er hat Angst vor dem Fremden, den er nicht kennt, ganz besonders, wenn es ein armer Fremder ist. Sein Argwohn gilt eher einem afrikanischen Arbeiter als einem amerikanischen Milliardär. Wenn ein arabischer Emir an der Côte d'Azur seinen Urlaub verbringt, wird er mit offenen Armen empfangen, denn die Begrüßung gilt dann nicht dem Araber, sonden dem Reichen, der hier sein Geld ausgeben will.

– Was genau ist ein Fremder?

– Der Wortstamm ‹fremd› bedeutet sowohl ‹von weit her› als auch ‹nicht dazugehörig›. Ein Fremder kommt also aus der Ferne, aus einem anderen Land, manchmal auch nur aus einer anderen Stadt oder einem anderen Dorf. Und ein Fremder ist kein Angehöriger der Familie, des Klans oder des Stammes. Wenn heute jemand sagt, dass ihm etwas ‹fremd› sei, dann meint er damit, dass es sehr anders ist als das, was man jeden Tag sieht, dass es demnach irgendwie ungewöhnlich ist, aus der Reihe fällt. Das Wort ‹seltsam› kann manchmal etwas Ähnliches ausdrücken.

– Bin ich eine Fremde, wenn ich zu meiner Freundin in die Normandie fahre?

– Für die Leute aus der Gegend dort ganz bestimmt, denn du kommst von weiter weg, aus Paris, und du bist zudem eine Marokkanerin. Weißt du noch, als wir nach Senegal geflogen sind? Für die Senegalesen waren wir Fremde.

– Aber die Senegalesen hatten keine Angst vor mir und ich auch nicht vor ihnen!

– Das stimmt, denn deine Mutter und ich hatten dir erklärt, dass du vor Fremden keine Angst zu haben brauchst, ganz egal, ob sie reich oder arm, groß oder klein, weiß oder schwarz sind. Vergiss das nicht! Jeder von uns ist ein Fremder oder ein Ausländer für jemand anderen, denn Menschen aus einer anderen Kultur oder Gegend empfinden uns immer als fremd, als seltsam.

– Hör mal Papa, ich habe immer noch nicht verstanden, warum es so gut wie überall Fremden- und Ausländerfeindlichkeit gibt.

– In den sehr alten so genannten primitiven Gesellschaften verhielten sich die Menschen fast wie Tiere. Eine Katze steckt zuerst ihr

Gelände ab. Wenn eine andere Katze oder ein anderes Tier ihr die Nahrung stehlen will oder ihren Jungen zu nahe kommt, verteidigt die Katze ihr Territorium und ihre Jungen mit allen Kräften. Der Mensch ist auch so. Er will sein Haus, seinen Boden, seine Besitztümer haben und kämpft, um sie zu behalten. Das ist normal; auch jedes Tier kämpft und verteidigt sich, wenn es angegriffen wird. Der Fremdenfeind aber glaubt, dass jeder Fremde ihm seinen Besitz wegnehmen will. Er denkt gar nicht darüber nach, ob das stimmt, sondern ist einfach immer argwöhnisch gegenüber Fremden. Dieser Argwohn geht so weit, dass manche Leute einen Fremden angreifen, ohne dass der ihnen irgendetwas getan hat oder etwas wegnehmen wollte.

– Und so verhalten sich Menschen auch heute noch überall, in allen Gesellschaften?

– Dieses Verhalten ist uralt und auch heute noch ziemlich verbreitet und alltäglich, aber deshalb ist es noch lange nicht richtig! Was uns Menschen von den Tieren unterscheidet, ist doch, dass wir nicht nur von der Natur, sondern auch von der Kultur geprägt sind. Wir reagieren nicht nur un-

überlegt und instinktiv, sondern wir können auch nachdenken und dann vernünftig handeln. Dieses überlegte Verhalten lernen wir von unseren Eltern, in der Schule oder durch eigenes Nachdenken, und in diesem vernünftigen Verhalten drücken sich bestimmte Werte aus, wie zum Beispiel die Achtung vor dem anderen. Das ist die ‹Kultur› im Gegensatz zur ‹Natur›. Weil wir nicht alleine auf der Welt sind, brauchen wir die Kultur. Sie lehrt uns, friedlich mit anderen Völkern zusammenzuleben und dass andere Traditionen und andere Lebensweisen genauso viel wert sind wie unsere eigenen.

– Mit Kultur meinst du also Erziehung. Aber vorher hast du doch gesagt, dass auch der Rassismus anerzogen ist …

– Ja, zweifellos wird niemand als Rassist geboren, man wird erst dazu gemacht. Es gibt eben leider nicht nur eine gute Erziehung, sondern auch eine schlechte Erziehung. Das hängt ganz von den Vorbildern ab, denen du in deinem Leben begegnest.

– Dann ist ja jedes wilde Tier besser als der zivilisierte und erzogene Mensch!

– Nun ja, das Tier hat keine vorgefassten Gefühle oder Meinungen über andere Tiere. Der Mensch hat im Gegensatz dazu Vorurteile. Er urteilt über andere, ohne sie zu kennen. Er glaubt, im Voraus wissen zu können, wie ein Fremder sich verhalten wird und wie viel er wert ist. Oft täuscht er sich und glaubt falsche Dinge über den anderen, die ihm dann Angst einjagen. Um diese Angst zu bekämpfen, führt der Mensch manchmal sogar Krieg. Denn weißt du, wenn ich sage, dass der Rassist oder der Ausländerfeind Angst vor dem Fremden hat, heißt das noch lange nicht, dass er vor Angst zittert. Im Gegenteil, er fühlt sich von dem Fremden bedroht und greift ihn an. Die Angst macht ihn aggressiv.

– Also ist die Angst vor dem Fremden die Ursache für den Krieg?

– Manchmal ja. Meist geht es im Krieg jedoch darum, den anderen ihren Besitz wegzunehmen. Einige benutzen den Rassismus oder die Religion, um die Menschen dazu zu bringen, einander zu hassen und zu bekämpfen. Dabei kennen sich diese Menschen gar nicht. Um das zu erreichen, schüren diese Kriegstreiber die Angst vor dem Fremden, die Angst davor, dass er uns unser Haus, unsere Arbeit, unsere Frauen wegnimmt. Und die Unwissenheit der Menschen nährt diese Angst noch: ich weiß nicht, wer dieser Fremde ist, und er weiß auch nicht, wer ich bin. Nimm zum Beispiel unsere Nachbarn hier in Paris. Sie haben uns lange miss-

traut, bis wir sie eines Abends zum Kuskusessen eingeladen haben. Da haben sie gemerkt, dass wir leben wie sie. Seitdem sind wir in ihren Augen nicht mehr gefährlich, auch wenn wir aus einem anderen Land, aus Marokko, stammen. Durch unsere Einladung haben wir ihr Misstrauen verjagt. Wir haben miteinander geredet und uns etwas besser kennen gelernt. Wir haben zusammen gelacht.

Das heißt, wir fühlten uns wohl miteinander, während wir uns vorher im Treppenhaus kaum gegrüßt haben.

– Also müssen wir uns gegenseitig einladen, um unsere Angst und unser Misstrauen zu verlieren!

– Das ist eine gute Idee. Sich kennen lernen, miteinander reden, zusammen lachen, gute, aber auch schlechte Augenblicke miteinander teilen, zeigen, dass wir oft gleiche Sorgen haben, das könnte den Rassismus und die Ausländerfeindlichkeit zurückdrängen. Auch Reisen sind eine gute Gelegenheit, um andere Völker und Kulturen besser kennen zu lernen. Schon der französische Schriftsteller und Philosoph Montaigne riet seinen Landsleuten im sechzehnten Jahrhundert, zu reisen und die Unterschiede zu beobachten. Für ihn war Reisen das beste Mittel, um ‹unser Denken am anderen zu reiben und zu feilen›. Denn wenn wir uns mit anderen befassen, lernen wir auch uns selbst besser kennen.

– Haben die Menschen einander schon immer misstraut und bekämpft, anstatt sich besser kennen zu lernen?

– Ja. Bereits lange vor unserer Zeitrechnung, zu einer Zeit, die ein Schriftsteller einmal die Ära des ‹Kriegs um das Feuer› nannte, kämpften die Menschen mit primitiven Waffen, mit einfachen Knüppeln, um ein Territorium, eine Hütte, einen

Partner oder um Nahrung. Aus Angst vor einem Überfall verstärkten sie im Laufe der Zeit ihre Grenzlinien und schärften ihre Waffen. Die Menschen sind besessen von ihrer Sicherheit, und das bringt sie manchmal dazu, ihre fremden Nachbarn zu fürchten.

– Und diese Vorurteile lösen dann einen Krieg aus?

– Kriege können auch andere Ursachen haben, oft geht es dabei um Geld und Macht. Doch darüber hinaus werden manche Kriege im Namen der angeblichen Überlegenheit einer Gruppe über eine andere geführt. Man kann diese abwertende Haltung anderen gegenüber durch Bildung und Erziehung überwinden. Doch das kann man nur schaffen, wenn man beschließt, keine Angst mehr vor seinen Nachbarn, den Fremden, zu haben.

– Was können wir denn tun?

– Lernen. Uns bilden. Nachdenken. Zu verstehen versuchen, auf alles Menschliche neugierig sein, unser natürliches Misstrauen überwinden, unsere Vorurteile hinterfragen ...

– Was meinst du damit?

– Ich meine, wir müssen versuchen, die anderen kennen zu lernen, bevor wir sie ablehnen und nichts mehr mit ihnen zu tun haben wollen, bevor wir eine Grenze zwischen uns und den anderen errichten, bevor wir sie ausgrenzen, ja, uns gar vor ihnen ekeln.

– Lehnt der Ausländerfeind einen Fremden ab und verjagt ihn, weil er sich vor ihm ekelt?

– Ja, er verjagt ihn sogar dann, wenn der Fremde ihm gar nichts getan hat, einfach nur, weil er ihm nicht gefällt. Um diese gewaltsame Tat zu rechtfertigen, erfindet er die scheinheiligsten

Gründe. Manchmal beruft er sich dabei auf angeblich ‹wissenschaftliche› Theorien und führt abstruse Argumente an, die er für unangreifbar hält. Doch das ist Scharlatanerie, denn es gibt keine wissenschaftliche Begründung für Ausländer-

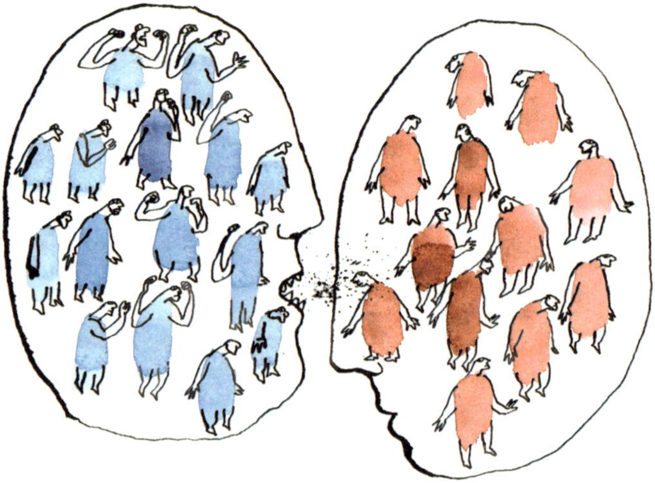

feindlichkeit oder Rassismus. Trotzdem versuchen manche Menschen, die Wissenschaft zur Rechtfertigung ihrer bösen Gedanken und ihres schlechten Verhaltens zu benutzen, um andere zu diskriminieren.

– Was heißt das denn nun wieder?

– Diskriminieren bedeutet, eine bestimmte Gruppe von Menschen schlechter als andere zu behandeln. Wenn zum Beispiel der Direktor deiner Schule beschließen würde, eine eigene Klasse für schwarze Schüler einzurichten mit der Begründung, dass diese Kinder dümmer als die weißen seien, dann würde er schwarze Schüler diskriminieren. Glücklicherweise gibt es diese Art der Diskriminierung in unseren Schulen nicht. In den USA und in Südamerika hat es sie aber noch vor gar nicht langer Zeit gegeben. Wenn man Menschen mit bestimmten Merkmalen (z. B. gleiche Hautfarbe, Religion oder Behinderung) dazu zwingt, sich zu einer Gruppe zusammenzuschließen und isoliert von allen anderen zu leben, schafft man ein so genanntes Getto.

– Ist das ein Gefängnis?

– ‹Getto› war ursprünglich der Name einer kleinen italienischen Insel vor Venedig. Im Jahr 1516 bestimmte man, dass die venezianischen Juden nicht mehr in der Stadt wohnen durften, und schickte sie auf diese Insel. Das Getto ist eine Art Gefängnis. Es ist in jedem Fall eine Diskriminierung.

– Aber welche wissenschaftlichen Beweise hat der Rassist denn nun, die es ihm erlauben, fremde Menschen so schlimm zu behandeln?

– Das ist es ja: Er hat keine Beweise, aber er glaubt oder gibt vor, dass Fremde einer anderen Rasse angehören, einer seiner Meinung nach minderwertigen Rasse. Da hat er völlig Unrecht, denn im Gegensatz zur Tierwelt lässt sich die Menschheit nicht in Arten und Rassen einteilen. Bei den Tieren gibt es große Unterschiede zwischen den Arten, zum Beispiel zwischen Hunden und Rindern. Auch innerhalb der einzelnen Arten gibt es so große Unterschiede, dass eine weitere Unterteilung – diesmal in Rassen – Sinn macht, so zum Beispiel bei den Hunden in Schäferhunde und Dackel. Bei den Menschen kann man das nicht, denn ein Mensch ist dem anderen ebenbürtig.

– Aber Papa, man sagt doch, jemand gehört der weißen Rasse an oder der schwarzen oder der gelben. Das hat man uns oft in der Schule gesagt. Noch vor kurzem hat uns die Lehrerin erklärt, dass Abdou, der aus Mali stammt, der schwarzen Rasse angehört.

– Wenn deine Lehrerin das wirklich gesagt hat,

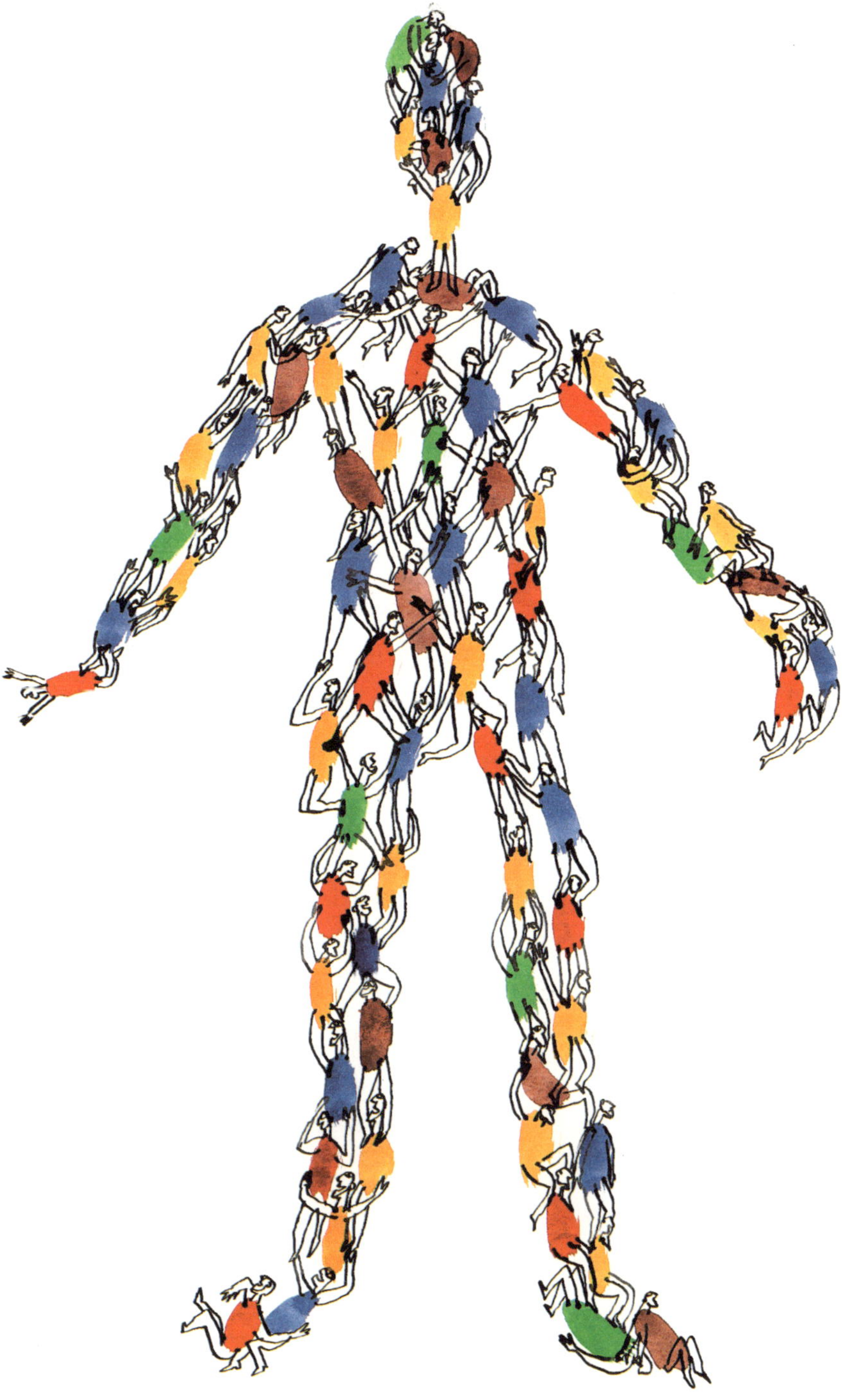

irrt sie sich. Ich muss dir das leider sagen. Ich weiß ja, dass du sie sehr gerne magst, aber sie täuscht sich, und ich glaube, sie weiß es selbst nicht. Hör mir gut zu: Es gibt keine menschlichen Rassen, es gibt nur die eine Menschheit mit Männern und Frauen, Menschen verschiedener Hautfarben, Große und Kleine, ein jeder mit unterschiedlichen Fähigkeiten. Rassen gibt es bei den Tieren. Das Wort ‹Rasse› solltest du nicht verwenden, um die Verschiedenartigkeit der Menschen zu beschreiben, denn es hat keine wissenschaftliche Grundlage. Es wurde benutzt, um die Auswirkungen von offensichtlichen, das heißt körperlichen Unterschieden aufzubauschen. Niemand hat das Recht, auf der Grundlage von Äußerlichkeiten wie Hautfarbe, Größe oder Gesichtszügen eine Aufteilung und unterschiedliche Bewertung der Menschheit vorzunehmen. Niemand darf festlegen, dass es höherwertige Menschen gibt im Vergleich zu anderen, die man in eine niedere Klasse einreiht. Anders gesagt, niemand hat das Recht zu glauben und noch weniger zu behaupten, dass er aufgrund seiner Hautfarbe einem Menschen mit anderer Hautfarbe überlegen sei. Ich schlage vor, du benutzt das Wort ‹Rasse› überhaupt nicht mehr. Es ist von böswilligen Menschen derart missbraucht worden, dass es besser durch den Begriff ‹Menschheit› ersetzt werden sollte. Die Menschheit setzt sich aus unterschiedlichen Gruppen und Individuen zusammen. Aber alle Männer und alle Frauen der Erde haben rotes Blut in den

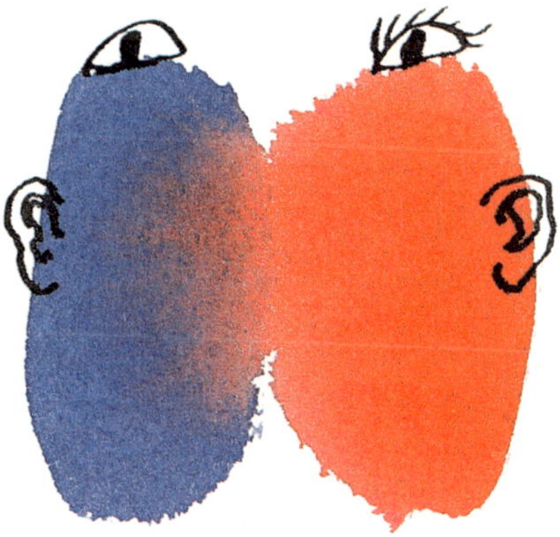

Adern, egal, ob ihre Haut rosa, weiß, schwarz, braun, gelb oder andersfarbig ist.

– Warum haben die Afrikaner schwarze und die Europäer weiße Haut?

– Die dunkle Farbe der Haut kommt von einem Pigment, das man Melanin nennt. Dieses Pigment gibt es bei allen Menschen. Es wird jedoch bei den Afrikanern in größeren Mengen produziert als bei den Europäern oder Asiaten.

– Dann produziert mein Freund Abdou größere Mengen …

– Melanin, das ist eine Art Farbstoff.

– Also produziert er mehr Melanin als ich. Ich weiß auch, dass wir alle rotes Blut haben, aber als Mama einmal eine Blutspende brauchte, hat der Arzt gesagt, du hättest eine andere Gruppe.

– Ja, die Menschen haben verschiedene Blutgruppen, im Ganzen sind es vier: A, B, 0 und AB. Menschen der 0-Gruppe können ihr Blut an alle anderen spenden. Und Menschen der AB-Gruppe können von allen anderen Blutspenden erhalten. Die verschiedenen Blutgruppen sind einander aber weder über- noch unterlegen und haben auch

nichts mit der jeweiligen Hautfarbe oder der Nationalität der Menschen zu tun. Die Unterschiede zwischen den Menschen sind kulturell bedingt, liegen in ihrer Sprache, ihren Bräuchen und Riten, ihrem Essen usw. Erinnerst du dich daran, dass deine Mutter damals Blut von ihrer Freundin Tam bekam? Tam ist Vietnamesin und deine Mutter ist Marokkanerin – beide stammen also aus sehr unterschiedlichen Kulturen und haben nicht die gleiche Hautfarbe, aber trotzdem die gleiche Blutgruppe.

– Wenn also mein malischer Freund Abdou eines Tages Blut braucht, kann ich es ihm spenden?

– Ja, wenn ihr die gleiche Blutgruppe habt oder eure Blutgruppen sich zumindest vertragen.

– Was ist ein Rassist?

– Ein Rassist ist jemand, der sich anderen überlegen fühlt, nur weil sie nicht die gleiche Hautfarbe haben, die gleiche Sprache sprechen, auf die gleiche Art feiern wie er. Er verrennt sich in die Idee, dass es verschiedene Rassen gibt, und sagt sich: ‹Meine Rasse ist edel und gut, die anderen sind hässlich und bestialisch.›

– Gibt es denn keine Rasse, die besser ist als die anderen?

– Nein. Im achtzehnten und neunzehnten Jahrhundert wollten zwar einige Historiker beweisen, dass es eine weiße Rasse gäbe, die der so genannten schwarzen Rasse körperlich und geistig überlegen sei. Damals glaubte man, die Menschheit sei in verschiedene Rassen unterteilt. Der Historiker Ernest Renan zum Beispiel, der im neunzehnten Jahrhundert lebte, listete sogar die Menschengruppen auf, die er als ‹minderwertige Rassen› betrachtete: die afrikanischen Schwarzen, die australischen Ureinwohner und die Indianer. Für ihn verhielt sich ‹der Schwarze zum Menschen wie der Esel zum Pferd›, das hieß, er war ‹ein Mensch ohne Intelligenz und Schönheit›! Heute jedoch

wissen wir, dass das alles ein Irrglaube war. Die Wissenschaft hat mittlerweile erkannt, dass reine Rassen in der Natur nicht vorkommen und höchstens künstlich, das heißt im Labor, erzeugt werden können, zum Beispiel bei Mäusen. Studien haben ferner ergeben, dass es zwischen einem Chinesen, einem Malier und einem Franzosen mehr soziokulturelle als genetische Unterschiede gibt.

– Was sind soziokulturelle Unterschiede?

– Soziokulturelle Unterschiede sind solche, die die Lebensform einer Gruppe Menschen von einer anderen unterscheiden. Jedes Volk hat bestimmte eigene Traditionen und Bräuche, kulturelle Errungenschaften (afrikanische Musik zum Beispiel ist anders als europäische) und besondere Arten, zu feiern, sich zu verheiraten und so weiter, worin es sich von anderen Völkern unterscheidet.

– Und genetische Unterschiede?

– Die werden bestimmt durch unsere Gene. Die Gene sind die Träger von Erbinformation in unserem Körper, sie bestimmen also, welche Eigenschaften weitervererbt werden. Wenn wir von genetischen Unterschieden sprechen, meinen wir körperliche und geistige Merkmale, mit denen ein Kind bereits auf die Welt kommt, die ihm von seinen Eltern mitgegeben, eben vererbt werden. Wenn Kinder ihren Eltern ähnlich sehen oder ein ähnliches Temperament wie diese haben, so ist das vererbt.

– Und die Wissenschaft sagt, dass wir uns mehr durch die Erziehung und Kultur als durch unsere Gene unterscheiden?

– In jedem Fall sind wir alle verschieden voneinander. Nur haben manche von uns gemeinsame vererbte Züge. Im Allgemeinen schließen sich solche Gruppen zusammen. Sie bilden eine Bevölkerung, die sich von anderen durch ihre Lebensart unterscheidet. Es gibt verschiedene solcher Gruppen, die sich durch ihre Hautfarbe, ihre Körperbehaarung, ihre Gesichtszüge und auch ihre Kultur voneinander unterscheiden. Kinder, deren Eltern aus zwei verschiedenen Gruppen stammen, weisen Merkmale beider Gruppen auf. Im Allgemeinen sind diese Kinder schön, denn die Mischung bringt Schönheit hervor. Mischehen sind ein gutes Bollwerk gegen den Rassismus.

– Wenn wir alle verschieden voneinander sind, gibt es keine Ähnlichkeit …

– Jeder Mensch ist einzigartig. Auf der ganzen

Welt gibt es keine zwei Menschen, die sich absolut gleichen. Selbst eineiige Zwillinge unterscheiden sich voneinander. Das Besondere am Menschen ist, dass er eine Identität hat, die nur ihn selbst definiert. Er ist einzig und damit unersetzlich. Jeder von uns kann sagen: ‹Ich bin nicht wie die anderen›, und er hat damit Recht. Wenn jemand sagt ‹Ich bin etwas Besonderes›, behauptet er damit noch nicht, dass er der Beste sei. Er stellt nur ganz einfach fest, dass er so einzigartig ist wie alle anderen Menschen auch. Und deshalb ist jedes Gesicht ein einmaliges, unnachahmliches Wunder.

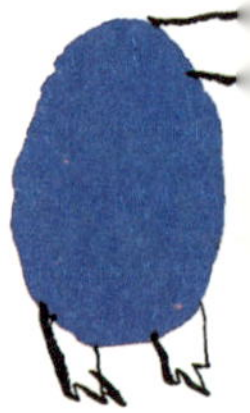

– Auch meines?

– Aber sicher. Du bist einzigartig, genau wie Abdou und Céline. Es gibt in der Welt keine zwei Fingerabdrücke, die genau gleich sind. Jeder Finger hat seinen eigenen, unverwechselbaren Abdruck. Deshalb nimmt die Polizei in den Krimis immer die Fingerabdrücke ab, um die Personen zu

identifizieren, die am Tatort waren.

– Aber Papa, letztens haben sie im Fernsehen ein Schaf gezeigt, aus dem sie ein zweites, exakt gleiches Schaf gezüchtet haben.

– Du sprichst vom Klonen. Klonen bedeutet, dass man künstlich beliebig viele Lebewesen erzeugt, die genau die gleichen Gene haben. Diese geklonten Lebewesen unterscheiden sich also gar nicht voneinander. Bei leblosen Dingen ist so eine Massenproduktion unproblematisch, das wird heute in jeder Fabrik gemacht. Aber bei lebendigen Wesen ist das sehr bedenklich, deshalb sollte man hier nicht mit Tieren experimentieren und schon gar nicht mit Menschen.

– Du hast Recht. Ich möchte keine zwei Célines in meiner Klasse haben. Eine einzige reicht mir.

– Stell dir mal vor, es gäbe eine Maschine,

mit der man beliebig viele Kopien beziehungsweise Klone eines Menschen herstellen könnte. Das wäre furchtbar. Wer das kann, kontrolliert die Welt und kann entscheiden, einige Menschen zu vervielfältigen und andere auszumerzen.

– Das macht mir Angst ... selbst meine beste Freundin möchte ich nicht doppelt haben.

– Wenn das Klonen erlaubt wäre, könnten gefährliche Leute das zu ihrem Vorteil ausschlachten. Sie könnten sich starke Soldaten klonen, mit ihrer Hilfe die Macht ergreifen und dann alle Schwachen niedermachen. Glücklicherweise ist der Mensch aber einzigartig und lässt sich nicht so einfach vervielfältigen. Keiner gleicht völlig dem anderen, wir alle sind unterschiedlich, aber genau in dieser Unterschiedlichkeit liegt der Reichtum der Menschheit.

– Wenn ich das richtig verstanden habe, hat der Rassist Angst vor dem Fremden, weil er unwissend ist und glaubt, dass es mehrere Rassen gibt, von denen seine eigene die beste ist?

– Ja, Mérièm, aber das ist noch nicht alles. Du hast die Gewalt vergessen und den Willen, andere zu beherrschen.

– In jedem Fall irren sich die Rassisten.

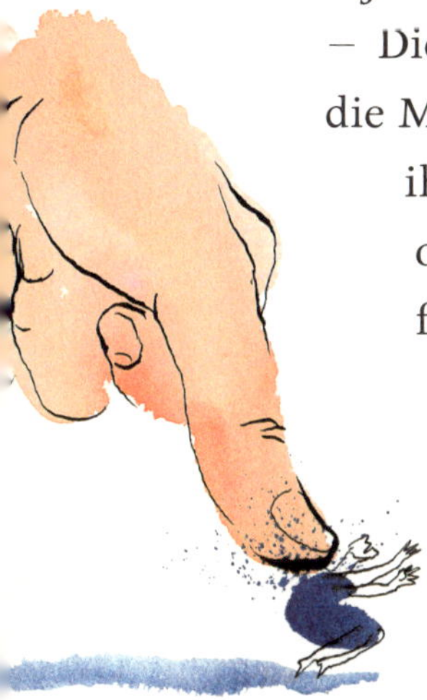

– Die Rassisten sind überzeugt, dass die Menschen, denen sie sich aufgrund ihrer Religion, ihrer Nationalität oder ihrer Sprache verbunden fühlen, den anderen Menschen überlegen sind.

– Aber woher kommt dieses Überlegenheitsgefühl?

– Weil sie glauben und auch andere davon überzeugen wollen, dass Menschen, die anders aussehen oder eine andere Religion, Nationalität oder Sprache als sie haben, deshalb auch automatisch weniger wert sind. Und weil Rassisten andere für minderwertig halten, können sie selbst sich überlegen fühlen. Das Gleiche gilt für die Ausländerfeinde und Fremdenhasser. Um ihr Überlegenheitsgefühl und ihr diskriminierendes Verhalten zu rechtfertigen, berufen manche von ihnen sich auf die Religion. Dazu muss ich dir sagen, dass jeder seine Religion für die beste aller Religionen hält und daher gerne erklärt, dass sich die Anhänger anderer Religionen auf dem Irrweg befinden.

– Willst du damit sagen, dass die Religionen fremdenfeindlich sind?

– Nein, nicht die Religionen sind fremdenfeind-

lich und rassistisch, sondern die Greueltaten, die einige Menschen im Namen ihrer Religion verüben. So erklärte zum Beispiel im Jahr 1095 Papst Urban der Zweite einen Krieg gegen die Moslems, die er als Ungläubige darstellte. Tausende von Christen zogen in den Orient und metzelten dort Araber und Türken nieder. Dieser Krieg, der im Namen Gottes geführt wurde, nannte sich ‹Kreuzzug› – das Kreuz als Symbol der Christen gegen den Halbmond, das Symbol des Islam. Auch als die spanischen Christen zwischen dem elften und dem fünfzehnten Jahrhundert erst die Moslems und dann die Juden verjagten, nannten sie religiöse Gründe für die Vertreibung der Andersgläubigen. Du siehst, oft behaupten Menschen, dass in ihren heiligen Schriften stehe, dass ihre Religion anderen Religionen überlegen sei. Und oft gibt es deshalb Religionskriege.

– Aber du hast mir doch gesagt, dass der Koran gegen den Rassismus ist.

– Ja, der Koran und auch die Thora und die Bibel – alle heiligen Schriften sind gegen den Rassismus. Der Koran sagt, dass die Menschen vor Gott gleich sind und sich allein durch die Stärke ihres Glaubens unterscheiden. In der Thora heißt es: ‹Wenn ein Fremdling bei euch wohnt in eurem Lande, den sollt ihr nicht bedrücken. Er soll bei euch wohnen wie ein Einheimischer unter euch, und du sollst ihn lieben wie dich selbst.› Die Bibel betont die Nächstenliebe, das heißt die Achtung vor dem anderen, sei es dein Nachbar, dein Bruder oder ein Fremder. Im Neuen Testament steht: ‹Ein neues Gebot gebe ich euch, dass ihr einander lieben sollt› und ‹Du sollst deinen Nächsten lieben wie dich selbst›. Alle Religionen predigen Frieden unter den Menschen.

– Und wenn man nicht an Gott glaubt? Manchmal frage ich mich nämlich, ob es wirklich einen Himmel und eine Hölle gibt …

– Als Ungläubiger ist man bei den Gläubigen schlecht, sehr schlecht angesehen; für die fanatischsten unter ihnen wird man sogar zum Feind.

– Neulich im Fernsehen hat ein Reporter den Islam für terroristische Attentate verantwortlich gemacht. Meinst du, das war ein rassistischer Journalist?

– Nein, er ist kein Rassist, er ist nur unwissend und unfähig. Dieser Journalist verwechselt den Islam mit der Politik. Es sind Politiker, die den Islam für ihre Zwecke benutzen. Man nennt sie Fundamentalisten.

– Sind das Rassisten?

– Die Fundamentalisten sind religiöse Fanatiker. Ein Fanatiker ist jemand, der meint, als Einziger die Wahrheit gepachtet zu haben. Oft gehen Fanatismus und religiöser Glaube Hand in Hand. In den meisten Religionen gibt es Fundamentalisten. Sie wähnen sich vom Heiligen Geist inspiriert. Sie sind blind und leidenschaftlich und wollen allen anderen ihre Überzeugungen aufzwingen. Sie sind gefährlich, denn das Leben anderer ist für sie nichts wert. Im Namen ihres Gottes sind sie bereit, zu töten und selbst zu sterben; viele von ihnen werden dabei gezielt von einem Anführer beeinflusst und kontrolliert. Ganz klar: Diese Fundamentalisten sind Rassisten, sie hassen alle Menschen, die anders sind und an etwas anderes glauben als sie.

– Und die Leute, die jemanden wie Le Pen wählen, sind das auch alles fanatische Rassisten?

– Jean-Marie Le Pen ist der Anführer einer rassistischen Partei. Diese Partei predigt Ausländerhass, Hass auf Einwanderer, Hass auf Moslems, auf Juden und so weiter.

– Es ist die Hasspartei!

– Stimmt. Aber deshalb sind noch nicht alle, die diese rechtsextremistische Partei wählen, Rassisten ... jedenfalls hoffe ich das. Ich denke oft darüber nach ... Sonst gäbe es über vier Millionen Rassisten in Frankreich! Das wäre wirklich sehr viel! Nein, ich denke eher, die Wähler werden in die Irre geführt oder wollen die Realität vielleicht gar nicht sehen. Wenn sie ihre Stimme Le Pen geben, drücken manche damit ihre Verunsicherung und ihren Protest gegen die Politik der Regierung aus, aber sie wählen das falsche Mittel.

– Sag, Papa, was kann man denn tun, damit die Leute die Fremden nicht mehr hassen und verachten?

– Ach, wie einst General de Gaulle in einem anderen Zusammenhang sagte: Das ist eine Lebensaufgabe! Hass verbreitet sich so viel einfacher als Liebe. Es ist so viel einfacher, jemandem, den man nicht kennt, zu misstrauen, ihn abzulehnen, als ihn zu mögen. Das liegt an unserem natürlichen Argwohn Unbekannten gegenüber, von dem ich dir anfangs erzählt habe.

– Und deshalb will man nichts mit Fremden zu tun haben?

– Genau. Man verriegelt seine Türen und Fenster. Wenn der Fremde an die Tür klopft, macht man ihm nicht auf. Wenn er drängt, öffnet man die Tür, lässt ihn aber nicht herein; man bedeutet ihm, dass er besser woanders hingeht, kurz, man weist ihn ab.

– Und diese Abweisung geschieht aus Hass?

– Eher aus einem natürlichen Misstrauen heraus, das manche Leute gegeneinander haben. Hass ist ein Gefühl, das tiefer geht und schwerer wiegt, denn es setzt sein Gegenteil voraus: die Liebe.

– Ich verstehe nicht, von welcher Liebe du sprichst …

– Ich meine die Liebe zu sich selbst, die Eigenliebe.

– Gibt es denn Menschen, die sich selbst nicht lieben?

– Ja. Und diese Menschen, die sich selbst nicht lieben, lieben auch sonst niemanden. Das ist wie eine Krankheit. Es ist ein Elend. Doch der Rassist

liebt sich oft sehr, so sehr, dass kein Platz mehr für die anderen bleibt. Daher kommt sein Egoismus.

– Also ist der Rassist jemand, der niemanden liebt und egoistisch ist. Der muss aber unglücklich sein, das ist ja die Hölle!

– Ja, der Rassismus ist die Hölle.

– Neulich hast du zum Onkel gesagt: ‹Die Hölle, das sind die anderen.› Was heißt das denn?

– Das hat mit dem Rassismus nichts zu tun. Das ist ein Ausdruck, den man benutzt, wenn man die Gesellschaft von Leuten aushalten muss, mit denen man nichts zu tun haben will.

– Ist dieser Ausdruck nicht rassistisch?

– Nein, ich meine nicht, denn es kann ja nicht darum gehen, alle Welt zu lieben. Wenn jemand, beispielsweise dein lebhafter Vetter, in dein Zimmer eindringt, deine Hefte zerreißt und dich am Spielen hindert, bist du keine Rassistin, wenn du ihn aus dem Zimmer wirfst. Aber wenn einer deiner Klassenkameraden, sagen wir Abdou aus Mali, in dein Zimmer kommt, sich gut benimmt, und du ihn rauswirfst, nur weil er schwarz ist, dann ist das Rassismus. Verstehst du?

– Ja, aber den Ausspruch ‹Die Hölle, das sind die anderen› kapiere ich trotzdem nicht.

– Er stammt aus dem Theaterstück ‹Geschlossene Gesellschaft› von Jean-Paul Sartre, in dem sich drei Personen nach ihrem Tod in einem schönen Zimmer wieder finden, in dem sie für alle Ewigkeit bleiben müssen. Sie sind also gezwungen, miteinander auszukommen, und haben keinerlei Möglichkeit, sich aus dem Weg zu gehen. Das ist die Hölle. Und daher erklärt sich der Satz ‹Die Hölle, das sind die anderen›.

– Das ist dann also nicht rassistisch. Ich habe das Recht, nicht alle zu lieben. Aber woher weiß ich, wann eine Äußerung rassistisch ist und wann nicht?

– Wir Menschen können nicht jeden und alle lieben. Ich kann gezwungen sein, mit Leuten zu leben, die ich mir nicht ausgesucht habe. Das kann die Hölle sein. Ich bemäkele an ihnen diesen und jenen Fehler und mache dabei vielleicht auch rassistische Bemerkungen über sie. Ein Rassist schiebt nämlich körperliche Eigenschaften des anderen vor, um seine Abneigung zu rechtfertigen: Ich kann jenen nicht ertragen, weil er eine breite Nase,

Kraushaar oder Schlitzaugen hat und so weiter. Tief im Innern denkt sich der Rassist: ‹Was kümmern mich die Fehler und Tugenden des anderen. Mir reicht es zu wissen, dass er einer anderen Gruppe als ich angehört, um ihn abzulehnen.› Der Rassist behauptet, dass es einen grundsätzlichen Zusammenhang zwischen dem Aussehen eines Menschen und bestimmten Charaktereigenschaften und Verhaltensweisen gibt.

– Nenn ein paar Beispiele.

– Viele europäische und amerikanische Rassisten behaupten zum Beispiel, dass alle Schwarzen ‹kräftig, aber faul, verfressen und schmutzig› seien; Chinesen bezeichnen sie als ‹klein, egoistisch und grausam›, Araber halten sie allgemein für ‹hinterhältig, aggressiv und betrügerisch›,

Türken stinken angeblich ‹nach Schweiß und Knoblauch›, und alle Juden sollen ‹gerissen und geldgierig› sein, ja manche Rassisten schrecken nicht davor zurück, zu behaupten, dass Juden kleine Christenkinder ermorden, um die Diskriminierung und Verfolgung der Juden zu rechtfertigen ... Es gibt zahllose Beispiele. Manche Schwarzen wiederum behaupten, die Weißen strömten einen seltsamen Geruch aus, manche Asiaten halten alle Schwarzen für Wilde und so weiter. Du solltest die feststehenden Ausdrücke aus deinem Wortschatz verbannen, die solche Klischees verbreiten, zum Beispiel Begriffe wie polnische Wirtschaft, Judenschule, orientalische Grausamkeit, gelbe Gefahr, levantinische Geschäftigkeit, getürkt und so weiter. Das sind gefährliche und dumme Sprüche, gegen die wir angehen müssen.

– Wie kann man dagegen angehen?

– Zuerst muss man die Achtung vor den anderen lernen. Die Achtung ist wesentlich. Die Fremden fordern ja nicht, dass wir sie lieben, sondern dass wir ihre menschliche Würde achten. Jemanden achten bedeutet, sein Anderssein anzuerkennen und darauf Rücksicht zu nehmen. Das heißt auch zuhören lernen. Der Fremde fordert weder Liebe noch Freundschaft, sondern Achtung. Liebe und Freundschaft können später entstehen, wenn man sich besser kennen und schätzen gelernt hat. Zu Anfang aber solltest du dich vor vorschnellen Urteilen hüten. Anders gesagt: Meide jegliches Vorurteil. Denn vorgefertigte Meinungen über fremde Völker und Kulturen bilden die Grundlage von Rassismus, Ausländerfeindlichkeit und Fremdenhass. Lass mich dir weitere Beispiele für dumme Verallgemeinerungen dieser Art geben: Schotten sind geizig, Ostfriesen sind dämlich, Zigeuner stehlen, Asiaten sind heimtückisch und so weiter. Jede Verallgemeinerung ist dumm und führt in die Irre. Deshalb sollten wir nie sagen: ‹Araber sind dies oder jenes›, ‹Franzosen sind so oder so ...› und so weiter. Nur ein Rassist und Dummkopf zieht aus einem einzigen schlechten Erlebnis gleich allgemeine Schlussfolgerungen. Bestiehlt ihn ein Araber, dann schließt er daraus, dass alle Araber Diebe sind. Andere achten bedeutet, sich um gerechte Urteile zu bemühen.

– Aber man kann doch Belgier- oder Ostfriesenwitze erzählen, ohne deshalb fremdenfeindlich zu sein!

– Ja, aber wenn man sich über andere lustig macht, sollte man auch über sich selbst lachen können. Sonst hat man keinen Humor. Humor gibt uns Kraft.

– Was ist Humor? Ist es das Gleiche wie Lachen?

– Einen Sinn für Humor haben bedeutet scherzen können und sich selbst nicht allzu ernst nehmen. Wer Humor hat, findet selbst in einer ausweglosen Situation noch einen Grund zum Lachen oder Lächeln. Ein Dichter hat das mal so ausgedrückt: ‹Der Humor ist die Höflichkeit der Verzweiflung.›

– Haben Rassisten Sinn für Humor?

– Nein, keinesfalls. Sie sind meistens schlecht gelaunt. Sie können nur bösartig über andere lachen, indem sie deren Fehler herausstreichen, als hätten sie selber keine! Ein Rassist lacht, um seine vorgegebene Überlegenheit zu beweisen. In Wirklichkeit beweist er damit nur seine Ignoranz und seine maßlose Dummheit, aber auch seinen Willen, anderen zu schaden. Der Rassist erfindet scheußliche und beleidigende Worte für andere. Er nennt die Türken ‹Kanaken› oder ‹Kümmeltürken›, die Afrikaner ‹Kaffer›, ‹Nigger› oder ‹Bimbos›, die Vietnamesen ‹Fidschis›, die Italiener ‹Spaghettifresser› oder ‹Itaker›, die Japaner ‹Japse›, die Juden ‹Judensäue›, die Araber ‹Muftis› und so weiter.

– Sind denn alle dummen Leute Rassisten?

– Nein, aber alle Rassisten sind dumm.

– Fremdenhass entsteht also aus dreierlei Gründen: aus Angst, aus Unwissenheit und aus Dummheit.

– Richtig, aber das ist noch nicht alles. Es gibt nämlich leider auch intelligente und gebildete Menschen, die Fremde für ihre eigene Misere verantwortlich machen. Wenn sie zum Beispiel arbeitslos werden, geben sie den Ausländern die

Schuld an der eigenen Arbeitslosigkeit. Eigentlich wissen solche Menschen, dass die Ausländer nichts dafür können, aber sie benötigen einen Sündenbock, an dem sie ihre Wut auslassen können.

– Was ist ein Sündenbock?

– Die Bezeichnung rührt von einer Geschichte her, die im dritten Buch Mose erzählt wird. Die Gemeinschaft der Israeliten wählte damals einen Bock aus und behaftete ihn symbolisch mit all ihren Sünden. Danach wurde der Bock in die Wüste gejagt. Wenn seitdem jemand seine Fehler einem anderen aufbürdet, sagt man, er mache den anderen zu seinem Sündenbock.

Für viele Fremdenfeinde in Frankreich sind die Ausländer die Sündenböcke. Sie verbreiten die Lüge, die Ausländer seien schuld an der Wirtschaftskrise. Sie werfen ihnen vor, den Franzosen Arbeit und Brot wegzunehmen. So hat die rechtsextremistische und ausländerfeindliche Partei ‹Front National› in ganz Frankreich Plakate geklebt, auf denen steht: ‹3 Millionen Arbeitslose = 3 Millionen ausländische Arbeiter zu viel›. Dazu solltest du wissen, dass jeder fünfte Franzose ausländischer Abstammung ist.

– Aber die in Frankreich lebenden Ausländer leiden doch auch unter der Arbeitslosigkeit. Der Vater von Mamas Kusine Souad hat seit zwei Jahren keine Arbeit. Er sucht, findet aber nichts. Manchmal, wenn er mit einer Firma wegen einer Arbeitsstelle telefoniert, sagen sie zu, aber wenn er dann hinkommt, heißt es jedes Mal, die Stelle sei schon vergeben!

– Du hast Recht. Aber Fremdenhasser sind Lügner. Sie erzählen sonst was, ohne sich um die Wahrheit zu scheren. Sie wollen die Leute mit Schlagwörtern beeindrucken. Dabei haben wirtschaftliche Studien bewiesen, dass die Gleichung

‹3 Millionen Arbeitslose = 3 Millionen ausländische Arbeiter zu viel› ganz und gar falsch ist. Aber jemand, der unglücklich und zornig ist, weil er seine Arbeit verloren hat, braucht einen Schuldigen, an dem er seine Wut abreagieren kann, und dafür ist er bereit, jedwede Dummheit zu glauben.

– Seine Anschuldigungen gegen die ausländischen Arbeiter werden ihm aber auch keine Arbeit verschaffen!

– Natürlich nicht. Aber das genau ist das Sündenbockprinzip. Es ist so viel einfacher, die Ausländer aller Übel und Schandtaten zu bezichtigen, als sich mit den eigentlichen Problemen und den tatsächlich dafür Verantwortlichen auseinander zu setzen. Da offenbart sich der schlechte Wille der Fremdenfeinde.

– Der schlechte Wille?

– Ich gebe dir ein Beispiel: ein ausländischer Schüler hat in der Schule schlechte Noten. Statt mit sich selbst ins Gericht zu gehen, weil er nicht genügend gearbeitet hat, wird er behaupten, er habe eine ausländerfeindliche Lehrerin, die ihm böswillig schlechtere Noten als den anderen Schülern gebe.

– Wie meine Kusine Nadia. Sie hat in der Schule eine Verwarnung bekommen und ihren Eltern erzählt, der Grund dafür sei, dass die Lehrer araberfeindlich sind! Das ist ganz schön unverschämt. Ich weiß doch genau, dass sie eine schlechte Schülerin ist.

– Das ist er, der schlechte Wille!

– Aber Nadia ist nicht fremdenfeindlich …

– Nein, sie benutzt nur ein dämliches Argument, um sich aus der Verantwortung zu stehlen, und das entspricht den Methoden der Fremdenhasser und Rassisten.

– Also kommt zu Angst, Unwissenheit und Dummheit noch schlechter Wille hinzu.

– Genau. Diese Gründe für Rassismus mögen sich harmlos anhören, doch der Rassismus kann tragische Ausmaße annehmen. Ablehnung, Misstrauen oder Eifersucht gegenüber anderen, fremden Menschen sind nur der Anfang; ganze Völker wurden schon im Namen des Rassismus ausgerottet.

– Ausgerottet? Ist das wahr? Wie ist das denn möglich? Indem man alle umbringt?

– Das ist im Zweiten Weltkrieg unter der Führung des nationalsozialistischen Deutschland tatsächlich geschehen. Adolf Hitler beschloss damals, alle Juden und Zigeuner von der Erde zu tilgen (die Araber hat Hitler als ‹minderwertigste Rasse nach den Kröten› bezeichnet!). In seinem Auftrag wurden mehr als fünf Millionen europäische Juden und 200 000 Zigeuner verbrannt und vergast. Die Rechtfertigung für diesen Genozid war eine

rassistische Theorie, die besagte: «Die Juden und die Zigeuner sind ‹unreine Rassen›, also ‹Untermenschen›. Deshalb haben sie kein Recht zu leben und müssen ausgerottet, das heißt bis auf den Letzten umgebracht werden.» Man zwang die Juden, einen gelben Stern zu tragen, damit jeder sie erkennen konnte, und nahm ihnen nach und nach all ihre Rechte. Hitler erpresste sogar die anderen europäischen Regierungen, die in ihren Ländern lebenden Juden zu verraten und an die Nazis auszuliefern. Ohne diese totale Entwürdigung und Entrechtung der Juden wäre der Genozid nicht möglich gewesen.

– Was genau ist ein Genozid?

– Das ist ein Völkermord, also die gezielte Vernichtung eines ganzen Volkes. Ein mächtiger und verrückter Mensch beschließt eiskalt, alle Angehörigen einer bestimmten Gemeinschaft mit allen Mitteln umzubringen. Im Allgemeinen richten sich solche Beschlüsse gegen Minderheiten, also nicht gegen große Völker, sondern gegen kleine ethnische Gruppen.

– Und was ist eine ethnische Gruppe?

– Das ist eine Gruppe von Menschen, die eine gemeinsame Sprache, gemeinsame Bräuche und Traditionen, kurz, eine gemeinsame Kultur besitzen und von Generation zu Generation weitergeben. Ethnien sind also Volksgruppen. Ihre

Angehörigen leben nicht immer in einem Staat zusammen, sondern oft verstreut in verschiedenen Ländern.

– Zum Beispiel?

– Die Juden, die Berber, die Armenier, die Zigeuner, die Chaldäer, diejenigen, die Aramäisch sprechen – das ist die Sprache Jesu –, und viele andere mehr.

– Wenn man also einer nur kleinen Volksgruppe angehört, läuft man Gefahr, das Opfer eines Völkermordes zu werden?

– Jedenfalls zeigt uns die Geschichte, dass Minderheiten – Gruppen, die in der Minderzahl waren – oft verfolgt worden sind. Um nur das zwanzigste Jahrhundert als Beispiel zu nehmen: Bereits 1915 wurden die in Ostanatolien lebenden Armenier von den Türken verfolgt und mehr als die Hälfte von ihnen – über eine Million – grausam umgebracht. Dann ermordeten die Polen und Russen viele Juden im Zuge so genannter Pogrome, das sind judenfeindliche Ausschreitungen. 1933 kamen dann die deutschen Nationalsozialisten; sie erklärten die Juden für ‹entartet›, für ‹Untermenschen› und rotteten sie bis 1945 fast vollständig aus. Die Nazis hielten auch die Zigeuner für ‹rassisch minderwertig› und vernichteten sie.

– Das ist lange her. Und heute?

– Die Massaker an Minderheiten dauern an. Vor kurzem, im Jahre 1995, haben die Serben im Namen der so genannten ‹ethnischen Säuberung› Tausende von bosnischen Moslems umgebracht. Im afrikanischen Ruanda haben die Hutu die zahlenmäßig unterlegenen Tutsi systematisch ermordet. Die Feindschaft dieser beiden Volksgruppen stammt vor allem aus der Zeit, als erst die Deutschen und dann die Belgier die Region der Großen Seen in Zentralafrika kolonisiert und die Hutu und die Tutsi dabei gegeneinander ausgespielt haben. Der Kolonialismus hat oft die Bevölkerungsgruppen entzweit, um sie leichter beherrschen zu können.

O ja, das zwanzigste Jahrhundert ist reich an Massakern und Schmerz.

– Den Rassismus gegenüber Juden bezeichnen wir übrigens als ‹Antisemitismus›.

– Woher kommt dieses Wort?

– Von ‹anti›, das heißt ‹gegen›, und von der Be-

zeichnung ‹Semit› für Menschen aus Westasien, die semitische Sprachen sprechen. Das Hebräische und das Arabische sind semitische Sprachen, deshalb sind Juden und Araber Semiten.

– Also sind Antisemiten auch araberfeindlich?

– Im Allgemeinen versteht man unter Antisemitismus nur den Rassismus, der sich gegen die Juden richtet und der zur kalten Berechnung und planmäßigen Durchführung des Völkermordes an den Juden geführt hat. Aber ich selbst würde dir dennoch antworten: Wer gegen die Juden ist, ist auch gegen die Araber. In jedem Fall ist ein Rassist jemand, der die anderen hasst, seien sie nun Juden, Araber oder Schwarze ... Wenn Hitler den Krieg gewonnen und die Möglichkeit gehabt hätte, alle ‹unreinen Rassen› auszumerzen, dann wäre er am Ende gegen die gesamte Menschheit vorgegangen, denn es gibt keine ‹reinen Rassen›. Das ist Unsinn, es ist unmöglich. Deshalb müssen wir äußerst wachsam gegen solche Gedanken sein.

– Kann ein Jude Rassist sein?

– Ein Jude kann Rassist sein, genau wie ein Araber, ein Armenier, ein Zigeuner, ein Schwarzer ... In jeder Gruppe kann es Leute geben, die rassistische Gefühle und Verhaltensweisen entwickeln.

– Sogar, wenn sie selbst Opfer des Rassismus sind?

– Wer Unrecht erleidet, wird dadurch nicht unbedingt gerecht. Genauso ist es mit dem Rassismus. Ein Mensch, der zum Opfer des Rassismus geworden ist, kann unter Umständen selber der Versuchung des Rassismus erliegen.

– Gibt es in Marokko Juden? Ich weiß, dass es Berber gibt, denn Mama ist ja eine Berberin.

– In Marokko haben Juden und Moslems fast elf Jahrhunderte lang friedlich zusammengelebt. Die Juden hatten ihre Viertel, die man ‹Mellah› nennt. Sie vermischten sich nicht mit den Moslems, führten aber auch keinen Streit gegen sie. Man misstraute sich, aber achtete einander doch. Das Wesentliche ist: Als die Juden während des Zweiten Weltkrieges in Europa verfolgt und umgebracht wurden, waren sie in Marokko sicher. Als Deutschland 1940 Frankreich besetzte, weigerte sich der marokkanische König Muhammad V., die Juden an Marschall Pétain auszuliefern. Denn

Pétain wollte die Juden in die Konzentrationslager der Nazis, in die Hölle, schicken. In dieser Situation hat König Muhammad seine schützende Hand über die Juden gehalten und Pétain geantwortet: ‹Die Juden sind meine Untertanen, sie sind marokkanische Staatsbürger. Hier sind sie zu Hause, in Sicherheit. Ich gelobe, sie zu schützen.› Die marokkanischen Juden, die über die ganze Welt verstreut leben, lieben diesen König sehr. Heute leben noch einige tausend Juden in Marokko. Diejenigen, die ausgewandert sind, kommen gerne zu Besuch. Marokko ist das arabische und islamische Land, das die meisten jüdischen Einwohner hat. Weißt du, wie die marokkanischen Juden die kleine Stadt Sefrou südlich von Fès nennen? ‹Klein-Jerusalem›.

– Aber warum sind sie dann ausgewandert?

– Als Marokko 1956 unabhängig wurde, hatten die Juden Angst. Sie wussten nicht, ob die Moslems sie weiterhin in Frieden lassen würden. Die Juden, die sich bereits in dem neu gegründeten jüdischen Staat Israel niedergelassen hatten, haben sie beeinflusst, dorthin zu ziehen. Als die Kriege von 1967 und 1973 zwischen Israel und den arabi-

schen Staaten die Situation auch in Marokko verschärften, verließen viele weitere Juden ihr Heimatland und wanderten nach Israel, nach Europa oder nach Nordamerika aus. Aber die marokkanischen Moslems bedauerten diese Auswanderung, denn mehr als zweitausend Jahre lang hatten Juden und Moslems in Frieden miteinander gelebt. Beide hatten sie Lieder und Gedichte in arabischer Sprache verfasst. Das ist ein Beweis des guten Einvernehmens zwischen den beiden Volksgruppen.

– Also sind Marokkaner keine Rassisten!

– Eine solche Behauptung ergibt keinen Sinn. Es gibt weder rassistische noch nichtrassistische

Völker. Die Marokkaner sind wie alle anderen. Unter ihnen gibt es Rassisten und Nichtrassisten, Menschen, die Fremde hassen, und solche, die Fremden freundlich und mit Achtung begegnen.

– Lieben diese Marokkaner die Fremden?

– Sie sind für ihre Gastfreundschaft berühmt. Gerne empfangen sie durchreisende Fremde, zeigen ihnen ihr Land, bieten ihnen ihre Speisen und Getränke an. Zu allen Zeiten haben marokkanische Familien die Gastfreundschaft gepflegt. Das trifft auch auf die anderen Nordafrikaner zu, auf die Araber in der Wüste, die Beduinen, die Nomaden und so weiter. Doch manche Marokkaner benehmen sich schlecht, insbesondere gegenüber Schwarzafrikanern.

– Warum gegenüber Schwarzen?

– Weil sie schwarze Menschen für minderwertig

erachten. Marokkanische Geschäftsleute, die früher in Schwarzafrika mit Senegal, Mali, Sudan oder Guinea Handel trieben, brachten sich oft schwarze Frauen von diesen Reisen mit und hatten auch gemeinsame Kinder mit ihnen. Aber es war gang und gäbe, dass die weißen Frauen und weißen Kinder der Männer die schwarzen Frauen und Kinder misshandelten. Ich erinnere mich daran, dass selbst bei uns zu Hause die beiden schwarzen Frauen meines Onkels und deren schwarze Kinder – meine Vettern – nicht mit uns zusammen essen durften. Und gewöhnlich nannten wir alle Schwarzen *Abid*, das heißt Sklave.

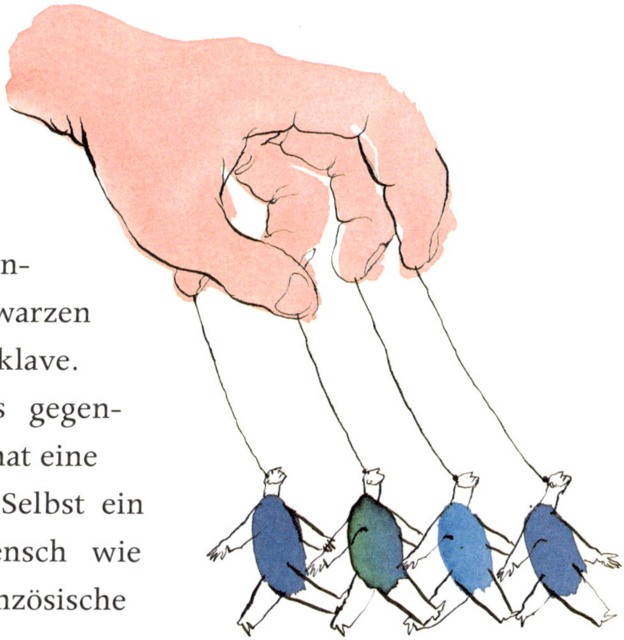

Der Rassismus gegenüber Schwarzen hat eine lange Tradition. Selbst ein so gelehrter Mensch wie der berühmte französische

Naturforscher Graf von Buffon behauptete, dass die Schwarzen ‹ein besonders geartetes Tier, ähnlich den Affen› seien, und folgerte daraus: ‹Neger sind minderwertig; es ist normal, dass sie der Sklaverei unterliegen.› Das war im achtzehnten Jahrhundert. Heute ist die Sklaverei so gut wie überall auf der Welt abgeschafft. Aber an manchen Orten existiert sie in versteckter Form weiter.

– Wie in diesem amerikanischen Film, wo der weiße Boss die Schwarzen auspeitscht?

– In Amerika gibt es auch heute noch viel Rassismus gegen Schwarze. Das hat mit der Geschichte der Sklaverei dort zu tun. Denn die schwarzen Amerikaner sind Nachkommen der Sklaven, die die frühen amerikanischen Siedler sich aus Afrika holten. Sklaverei ist das Eigentumsrecht über einen anderen Menschen. Der Sklave besitzt keinerlei Freiheit. Er gehört mit Leib und Seele demjenigen, der ihn gekauft hat.

Die schwarzen Amerikaner mussten schwer um ihre Bürgerrechte kämpfen, um ihre Menschenwürde und ihr Recht auf Freiheit und Gleichberechtigung. Denn auch nach der Aufhebung der amerikanischen Sklaverei im Jahre 1865 hatten Schwarze in einigen Bundesstaaten nicht das Recht, dasselbe Schwimmbad oder dieselben Toiletten wie Weiße zu benutzen. Sie durften nicht auf denselben Friedhöfen wie Weiße begraben werden, nicht in denselben Bus steigen oder in dieselbe Schule gehen. Selbst nachdem das oberste Landesgericht 1954 diese Rassentrennung verboten hatte, gab es auf Seiten der Weißen noch großen Widerstand gegen die Gleichberechtigung der Schwarzen. In Little Rock, einer Kleinstadt im Süden der USA, mussten 1957 sogar Präsident Eisenhower, die Polizei und die Armee eingreifen, um neun schwarzen Kindern den Besuch der Central High

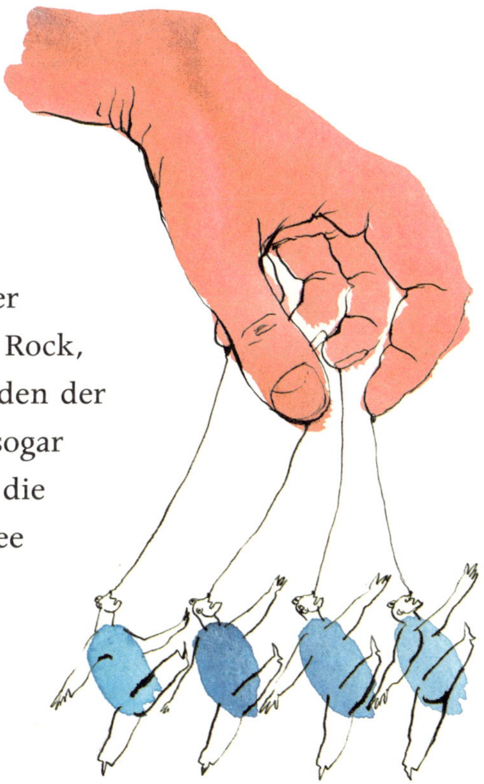

School, einer bis dahin ausschließlich weißen Schule, zu ermöglichen. 1968 wurde Martin Luther King, der Mitbegründer und Führer der Bürgerrechtsbewegung, ermordet, doch der Kampf um diese Rechte ging weiter.

Auch wenn der Rassismus gegen Schwarze noch stark verbreitet ist, hat sich in den letzten Jahren doch enorm viel getan. Auch Südafrika ist heute ein demokratisches Land, in dem Weiße und Schwarze gleichberechtigt zusammenleben. Aber noch vor einigen Jahren regierte dort die weiße Minderheit und unterdrückte die schwarze Mehrheit. Sie bestimmte, dass die Schwarzen getrennt von den Weißen leben mussten. Diese südafrikanische Politik der Rassentrennung nannte man Apartheid.

Ich muss dir aber auch sagen, dass schwarze Menschen wie alle anderen sind, auch sie können sich rassistisch verhalten gegenüber Menschen, die anders sind als sie. Sie sind zwar oft selbst Opfer rassistischer Unterdrückung, aber dennoch sind einige von ihnen Rassisten.

– Vorhin hast du gesagt, der Kolonialismus entzweit die Leute ... Was ist Kolonialismus? Ist das auch Rassismus?

– Im neunzehnten Jahrhundert haben europäische Länder wie Frankreich, England, Belgien, Italien, Portugal und Deutschland afrikanische und asiatische Länder militärisch besetzt. Der Kolonialismus ist eine Form der Unterdrückung. Der Kolonialist sieht es als die Aufgabe der weißen ‹zivilisierten› Menschheit an, ‹den minderwertigen Rassen die Zivilisation zu bringen›. Der Kolonialist

ist nämlich davon überzeugt, dass andere Zivilisationen der seinen unterlegen sind und dass zum Beispiel ein Afrikaner dümmer als ein Weißer ist, nur weil er schwarz ist.

– Die Kolonialisten sind Rassisten!

– Sie sind Rassisten und Unterdrücker, denn ein Land, das von einem anderen Land unterworfen, das heißt kolonialisiert wird, verliert seine Freiheit, seine Unabhängigkeit. So wurde Algerien von 1830, dem Beginn der französischen Besetzung des Landes, bis 1962 als Teil Frankreichs angesehen. Seine Reichtümer wurden geplündert und seine Einwohner ihrer Freiheit beraubt. Wer die Kolonialherrschaft nicht akzeptierte, wurde von den Franzosen verfolgt, verhaftet und sogar umgebracht. Der Kolonialismus ist ein Rassismus auf staatlicher Ebene.

– Wie kann ein ganzes Land rassistisch sein?

– Nicht ein ganzes Land als solches, aber eine Regierung handelt rassistisch, wenn sie eigenmächtig beschließt, fremde Territorien zu besetzen und mit Gewalt unter Kontrolle zu halten. Sie missachtet die Rechte der dortigen Einwohner, verachtet die Menschen, betrachtet deren Kultur als unnütz und sieht es als ihre Aufgabe an, diese ‹Wilden› zu zivilisieren. Im Allgemeinen gibt man dem Land dann ein wenig ‹Entwicklungshilfe›. Um zu zeigen, dass man nicht nur aus Eigeninteresse gekommen ist, baut man ein paar Straßen, ein paar Schulen und Krankenhäuser. In Wahrheit geht es den Kolonialherren dabei aber immer nur um ihren eigenen Nutzen, denn die Entwicklung des Landes hilft ihnen, die dortigen Bodenschätze und anderen Reichtümer umso besser auszubeuten. Das ist der Kolonialismus. Meist geht es darum, neue Reichtümer zu erschließen und die eigene Macht zu vergrößern, aber das würde der Kolonialherr niemals zugeben. Kolonialismus ist Invasion, Diebstahl, Gewalt und kann schwerwiegende Auswirkungen auf die Menschen haben. In Algerien hat es zum Beispiel jahrelanger Kämpfe, jahrelangen Widerstands und Krieges bedurft, um den Kolonialismus zu beenden.

– Algerien ist frei …

– Ja, es ist seit 1962 unabhängig. Die Algerier entscheiden jetzt selbst, was ihr Land braucht.

– Kolonialisiert von 1830 bis 1962: hundertzweiunddreißig Jahre, das ist eine lange Zeit!

– Ja, und sie hat ihre Narben hinterlassen. 1958 schrieb der algerische Dichter Jean Amrouche:

> Den Algeriern hat man alles genommen
> die Heimat und den Namen
> die Sprache und die Heiligen Schriften
> der Weisheit, die den Weg des Menschen
> bestimmen
> von der Wiege bis zur Bahre
> die Erde und den Weizen
> die Quellen und die Gärten
> das Brot des Mundes und das Brot
> der Seele
> (...)
> Man hat die Algerier aus jeglicher
> menschlichen Heimat verbannt
> zu Waisen gemacht
> herabgewürdigt zu Gefangenen
> eines Heute ohne Erinnerung und
> ohne Zukunft

Das ist der Kolonialismus. Das Land wird besetzt, die Einwohner enteignet, jeglicher Widerstand in Ketten gelegt, die arbeitsfähigen Männer in die

Hauptstadt der Kolonie verschleppt.

– Sind deshalb so viele Algerier in Frankreich?

– Vor seiner Unabhängigkeit war Algerien ein französischer Verwaltungsbezirk. Es gab keinen algerischen Pass. Die Algerier wurden als französische Untertanen angesehen. Die algerischen Christen machte man sofort zu französischen Staatsbürgern. Die algerischen Juden wurden ab 1870 dazu erklärt. Die algerischen Moslems hingegen nannte man ‹Eingeborene›. Dieser Begriff bedeutete ‹aus einem von einem Kolonialherren besetzten Gebiet stammend› und ist ein Ausdruck des damaligen Rassismus. Die ‹Eingeborenen› standen ganz unten auf der gesellschaftlichen Leiter – ‹eingeboren› war gleichbedeutend mit ‹minderwertig›. Wenn die französische Armee oder die Industrie Arbeitskräfte brauchte, holte man sie aus Algerien. Niemand fragte nach der Meinung der Algerier. Sie hatten kein Recht auf einen Pass. Sie bekamen lediglich einen Ausweis, mit dem sie reisen konnten. Und sie erhielten Befehle. Wenn sie deren Ausführung verweigerten, wurden sie verhaftet und bestraft. Das waren die ersten Fremdarbeiter.

– Dann waren die Fremdarbeiter also damals Franzosen?

– Erst ab 1958 wurden die aus Algerien importierten Arbeiter als Franzosen angesehen. Die aus Marokko und Tunesien herbeigeschleppten Arbeiter kamen nicht in den Genuss dieser Ehre. Andere Fremdarbeiter kamen freiwillig, zum Beispiel aus Portugal, Spanien, Italien und Polen …

– Dann ist Frankreich ja wie Amerika!

– Nicht ganz. Frankreich ist erst am Ende des neunzehnten Jahrhunderts zum Einwanderungsland geworden, während Amerika es seit seiner Entdeckung durch Christoph Columbus im Jahr 1492 ist. Alle Amerikaner sind also ehemalige Einwanderer oder stammen zumindest von Einwanderern ab, mit Ausnahme der Indianer, der Ureinwohner des amerikanischen Kontinents. Aber weil die Indianer dem Landhunger und den Besiedlungsplänen der Eroberer im Weg standen, wurden sie von den europäischen Kolonialisten und später von den weißen Amerikanern beinahe ausgerottet. Für die Eroberer waren die Indianer damals den Tieren näher als den Menschen, und sie fragten sich ernsthaft, ob die Indianer eine Seele hätten!

– Aber gab es denn vor dem Eintreffen der Fremdarbeiter Rassismus und Ausländerfeindlichkeit in Frankreich?

– Das gibt es überall, wo Menschen leben. Es gibt kein einziges Land, das

behaupten könnte, keine Rassisten und Ausländerfeinde zu beherbergen. Der Rassismus ist ein Teil der Geschichte der Menschheit. Er ist wie eine Krankheit. Wir sollten uns darüber im Klaren sein und uns davor hüten, uns anstecken zu lassen. Wir müssen uns beherrschen und uns sagen: ‹Wenn ich Angst vor dem Fremden habe, so hat der bestimmt auch Angst vor mir.› Wir alle sind fast überall auf der Welt Fremde. Gegen den Rassismus, gegen Fremdenhass und gegen Ausländerfeindlichkeit kämpfen bedeutet miteinander leben lernen.

– Ich will aber nicht lernen, mit Céline zu leben. Sie ist böse, stiehlt und lügt …

– Jetzt übertreibst du aber. Das ist zu viel für ein kleines Mädchen in deinem Alter!

– Sie war böse zu Abdou. In der Klasse will sie sich nicht neben ihn setzen und sie sagt unangenehme Dinge über Schwarze.

– Célines Eltern haben sie schlecht erzogen. Vielleicht sind sie auch selbst nicht gut erzogen. Aber du darfst Céline nicht genauso behandeln, wie sie Abdou behandelt. Du musst mit ihr reden, ihr erklären, warum sie im Unrecht ist.

– Das kann ich nicht alleine schaffen.

– Bitte deine Lehrerin, das Problem in der Klasse anzusprechen. Weißt du, bei einem Kind kann man noch Einfluss nehmen, um sein Verhalten zu ändern. Bei Erwachsenen ist das sehr viel schwieriger.

– Warum denn, Papa?

– Weil ein Kind nicht mit Rassismus und Fremdenhass im Schädel auf die Welt kommt. Meist wiederholt es nur, was ihm seine nahen oder fernen Angehörigen vorsagen. Ein Kind spielt ganz spontan mit anderen Kindern. Es fragt nicht, ob dieses oder jenes Kind mit einer anderen Hautfarbe ihm über- oder unterlegen ist. Für ein Kind ist ein anderes Kind zuallererst ein Spielkamerad, mit dem es sich gut versteht oder streitet. Das ist normal. Das hat nichts mit der Hautfarbe zu tun. Aber wenn die Eltern das Kind vor Menschen anderer Hautfarbe warnen, benimmt es sich möglicherweise anders.

– Aber Papa, du hast immer gesagt, dass Rassis-

mus alltäglich und verbreitet ist, dass er zu den Fehlern der Menschen gehört.

– Ja, aber Kindern muss man gute Vorbilder geben, damit sie nicht ihren niederen Instinkten folgen. Manche Leute sind ihren Kindern aber schlechte Vorbilder. Das hängt sehr von der Erziehung und der Geisteshaltung der Eltern ab. Ein Kind sollte seine Eltern berichtigen, wenn sie rassistische oder fremdenfeindliche Urteile abgeben. Ihr solltet nicht zögern, euch einzuschalten, und euch nicht einschüchtern lassen, nur weil es Erwachsene sind, die schlecht über andere reden und Unwahrheiten verbreiten.

– Was soll das heißen? Man kann ein Kind vor dem Rassismus retten, einen Erwachsenen nicht ...

– Jedenfalls ist es leichter, ein Kind zur Vernunft zu bringen. Sobald die Menschen erwachsen sind, folgen sie einem ungeschriebenen Gesetz: sich nur nicht ändern! Der niederländische Philosoph Spinoza hat vor sehr langer Zeit einmal gesagt: ‹Alles neigt dazu, in seinem Sein zu verharren.› Wir würden eher sagen: ‹Ein Zebra verändert seine Streifen nicht.› Damit meinen wir, dass wir uns nicht mehr ändern, wenn wir einmal festgelegt sind. Ein Erwachsener, der an die ‹Ungleichheit der Rassen› glaubt, ist nur schwer vom Gegenteil zu überzeugen. Ihr Kinder hingegen könnt euch noch verändern. Ihr seid formbar, wollt lernen und euch bilden. Dazu geht ihr in die Schule, und dort lernt ihr, dass die Menschen gleich an Rechten und dennoch verschieden geboren werden und unterschiedlich leben. Die Schule bringt euch bei, dass die menschliche Vielfalt eine Quelle von Reichtum und kein Hindernis ist.

– Können Rassisten geheilt werden?

– Siehst du Rassismus als eine Art Krankheit an?

– Ja, denn es ist doch nicht normal, jemanden wegen seiner anderen Hautfarbe zu verachten ...

– Die Heilung hängt vom Patienten ab. Davon, ob er sich in Frage stellen kann oder nicht.

– Wie stellt man sich in Frage?

– Man stellt sich Fragen, man zweifelt, man sagt sich: ‹Vielleicht habe ich Unrecht, so zu denken, wie ich denke›. Man bemüht sich, seine Denkart und sein Verhalten zu überprüfen und gegebenenfalls zu verändern.

– Aber du hast doch gesagt, dass die Menschen sich nicht ändern.

– Ja, aber ein Mensch kann seine Fehler erkennen und versuchen, sie zu überwinden. Das heißt nicht, dass er sich ganz und gar verändert. Er passt sich an. Manchmal merkt jemand erst, wenn er selber das Opfer von Fremdenfeindlichkeit und Ausländerhass wird, wie ungerecht und unannehmbar rassistisches Verhalten ist. Wer gerne reist, um fremde Länder und Menschen zu entdecken, merkt das schnell. Man sagt zu Recht, dass Reisen bildet. Denn wer reist, erlebt, wie unterschiedlich und dennoch schön und reich die verschiedenen Kulturen sind. Und dass es keine den anderen überlegene Kultur gibt.

– Dann können wir ja hoffen ...

– Trotzdem müssen wir die Rassisten, die Ausländerfeinde und Fremdenhasser bekämpfen, weil diese Menschen zugleich eine Gefahr für andere und ein Opfer ihrer selbst sind. Sie irren sich und wissen es nicht oder wollen es nicht wissen. Es gehört Mut dazu, die eigenen Fehler zu erkennen. Diesen Menschen aber fehlt dieser Mut. Es ist nicht leicht, sich selbst zu kritisieren und zuzugeben, dass man sich getäuscht hat.

– Was du da sagst, ist nicht sehr klar!

– Du hast Recht. Ich will versuchen, mich deutlicher auszudrücken. Es ist leicht zu behaupten:

‹Du hast Unrecht und ich habe Recht.› Viel schwerer ist es einzugestehen: ‹Du hast Recht und ich habe mich geirrt.›

– Ich frage mich, ob die Rassisten wissen, dass sie sich irren.

– Sie könnten es wissen, wenn sie sich die Mühe machten und den Mut aufbrächten, sich all diese Fragen zu stellen.

– Welche Fragen?

– Nun, zum Beispiel: Bin ich wirklich besser als die anderen? Stimmt es, dass ich einer höherwertigen Gruppe angehöre? Gibt es Gruppen, die weniger wert sind als meine? Falls es solche Gruppen gibt, in welchem Namen bekämpfe ich sie? Kann ich wirklich am Äußeren eines Menschen erkennen, wie intelligent er ist? Anders gesagt: Ist ein Mensch mit weißer Haut deswegen automatisch klüger als ein Mensch mit schwarzer Haut?

– Die Schwachen, die Kranken, die Alten, die Kinder, die Behinderten: Sind die alle minderwertig?

– In den Augen der Feiglinge sind sie es.

– Wissen die Rassisten, dass sie feige sind?

– Nein, denn man muss schon Mut aufbringen, um seine Feigheit zu erkennen ...

– Papa, du bewegst dich im Kreis.

– Stimmt, aber ich will dir ja zeigen, dass der Rassist ein Gefangener seiner eigenen Widersprüche ist und ihnen nicht entfliehen kann.

– Dann ist er ja doch krank!

– In gewisser Weise ja. Wer Freiheit und Wahrheit sucht, flieht vor der Lüge. Der Rassist aber liebt weder Freiheit noch Wahrheit. Er hat Angst vor ihnen. So wie er Angst vor dem Fremden hat. Die einzige Freiheit, die einzige Wahrheit, die er mag, ist seine eigene, die es ihm erlaubt, über fremde Menschen zu richten, sie zu verachten und schlecht zu behandeln, nur weil sie anders sind als er.

– Papa, jetzt muss ich aber einen bösen Ausdruck benutzen: Der Rassist ist ein übles Schwein.

– Das Wort ist schwach, Mérièm, aber es trifft zu.

Der Kampf gegen den Rassismus muss uns in Fleisch und Blut übergehen. Unsere Wachsamkeit darf nie nachlassen. Wir müssen mit gutem Beispiel vorangehen und auf die Worte achten, die wir benutzen, denn Worte können gefährlich sein. Es gibt Worte, die verletzen und demütigen, die Misstrauen und Hass säen. Und es gibt Worte, deren Sinn entstellt wird und die dazu missbraucht werden, Menschen zu beherrschen und zu diskriminieren. Glücklicherweise gibt es auch Worte, die einfach schön sind. Wir müssen festgefahrene Ideen meiden, Klischees und Vorurteile,

Sprichwörter und Weisheiten, die zu falschen Verallgemeinerungen führen und damit dem Rassismus einen Nährboden bieten. Du solltest niemals Redewendungen benutzen, die unwahre und heimtückische Behauptungen enthalten. Denn der Kampf gegen den Rassismus beginnt mit der Arbeit an der Sprache. Für diesen Kampf brauchen wir einen festen Willen, Hartnäckigkeit und Phantasie. Es reicht nicht mehr, dass wir uns über einen rassistischen Spruch oder eine ausländerfeindliche Geste empören. Wir dürfen diese fremdenfeindlichen Ausfälle nicht mehr länger dulden. Wir müssen endlich handeln. Wir dürfen uns nie beruhigen, indem wir sagen: ‹Das ist nicht schlimm!› Denn wenn wir dem Rassismus und der Fremdenfeindlichkeit nicht Einhalt gebieten, werden sie aufblühen und sich entwickeln und dann vielleicht sogar Menschen anstecken, die dieser Plage unter anderen Umständen nicht zum Opfer gefallen wären. Wenn wir nicht reagieren und handeln, werden Rassismus und Ausländerhass salonfähig und bekommen Oberwasser. Weißt du eigentlich, dass es Gesetze gibt, die die Aufforderung zum Rassenhass bestrafen? Und dass es auch Organisationen und Bewegungen gibt, die sich sehr engagiert gegen jegliche Form von Rassismus einsetzen? Sieh dir in der Schule alle deine Mitschüler an, und du wirst merken, dass sie alle verschieden sind und dass diese Vielfalt etwas Schönes ist. Sie ist eine Chance für die Menschheit. Diese Schüler kommen aus ganz unterschiedlichen Welten, sie können dir Dinge geben, die du nicht hast, so wie du ihnen auch etwas geben kannst, das sie nicht kennen. Auf diese Weise ergänzen und bereichern wir uns gegenseitig.

Jedes Menschengesicht ist ein Wunder. Es ist einzigartig. Du wirst niemals zwei genau gleiche Gesichter sehen. Was bedeutet schon Schönheit oder Hässlichkeit? Das sind relative Begriffe. Jedes Gesicht ist ein Symbol für das Leben. Jedes Leben verdient Achtung. Niemand hat das Recht, einen anderen Menschen zu demütigen. Jeder hat einen Anspruch auf Menschenwürde. Wer andere Menschen achtet, würdigt dadurch das Leben in seiner ganzen Schönheit, in seinem Zauber, seiner Verschiedenheit und seiner Unerwartetheit. Und wer andere würdig behandelt, zeigt damit auch Achtung vor sich selbst.

Juni bis Oktober 1997

Nachwort von Daniel Cohn-Bendit

«Papa, was ist Rassismus?»

Diese Frage der zehnjährigen Mérièm an ihren Vater anlässlich einer Demonstration gegen fremdenfeindliche Gesetze gehört zu jenen unverblümten Kinderfragen, die zu beantworten uns Erwachsenen Kopfzerbrechen bereitet. Sie zwingen uns, Dingen auf den Grund zu gehen, von denen wir glauben, sie zur Genüge zu kennen.

Tahar Ben Jelloun hat seine Tochter nicht mit einer oberflächlichen Antwort abgespeist. Er hat sich der Mühe unterzogen, die Antwort aufzuschreiben. Natürlich blieben Fragen offen, neue kamen hinzu. Mérièm hat sie gestellt. Ihre Freundinnen und Freunde haben sie gestellt. Tahar Ben Jelloun hat sie alle ernst genommen und zu beantworten gesucht. Das Ergebnis ist dieses Buch, das es in sich hat. Es behandelt den Antrieb des *Rassismus* ebenso wie die *Diskriminierung*, das *Getto* und den *Genozid*. Der *Antisemitismus* ist Thema, die *Sklaverei* und die Politik der *Apartheid*. Unter dem Titel *Le racisme expliqué à ma fille* erschien es im Januar 1998 in Frankreich und schoss sofort auf Rang 1 der Bestsellerliste. Allein in den ersten vier Monaten wurden 230 000 Exemplare verkauft. Mittlerweile gehört es zur Pflichtlektüre an den französischen Schulen.

Einmal mehr hat Tahar Ben Jelloun an einen Nerv der Gesellschaft gerührt. 1944 im marokkanischen Fès geboren und dort auch aufgewachsen, kam er 1961 nach Paris, um sich an einer Filmschule einzuschreiben. Vielleicht lag es an der *Nouvelle Vague*. Ihm jedenfalls, dessen Cineasmus den Bildern galt, war das Studium zu theoretisch. Zurück in Marokko, widmete er sich der Philoso-

phie und stieß zu der Gruppe um die Kulturzeitschrift *Souffles*, die in den sechziger Jahren viel reden von sich machte und für Tahar Ben Jelloun den Anstoß zum Schreiben gab. Ab 1966/67 wandte er sich der Poesie zu. Es waren die Gedichte eines zornigen Menschen, wie er selbst sagt, ein Aufbegehren gegen Ungerechtigkeit und Unterdrückung.

Bei aller Poesie ist Tahar Ben Jelloun immer auch ein zutiefst politischer Schriftsteller gewesen. Allerdings – äußert er sich gegenüber der *Neuen Zürcher Zeitung* –, «ich ziehe es vor, politische und soziale Probleme indirekt anzugehen. Man darf nicht Literatur – und vor allem nicht Poesie – mit Politik verwechseln ... Der Schriftsteller ist ein Zeuge, der das Notwendige ohne Zugeständnisse sagen muss. Er sagt es natürlich nicht direkt. Er tut es auf seine Art, indem er fiktive Geschichten erzählt. Durch die Fiktion kann man Inhalte mit wesentlich mehr Kraft vermitteln, als wenn man ein politisches, ökonomisches oder soziologisches Buch schreibt.»

Marokko ist nach eigenem Bekunden seine Energiequelle, und es ist auf die eine oder andere

Weise das Thema vieler seiner Bücher. Immer wieder beschäftigen ihn die Gestalten, die sich zwischen dem Maghreb und Frankreich bewegen und in beiden Kulturen leben. Da ist – im Roman *Mit gesenktem Blick* – das Berbermädchen Kniza, das die archaischen Verhältnisse seines marokkanischen Bergdorfes, dessen Gewalt und Intoleranz, hinter sich lässt und sich an der Urbanität von Paris berauscht, bis sie im Angesicht rassistischer Übergriffe gewahr wird, dass sie anders ist als ihre französischen Großstadtfreunde, dass sie nicht nur aus der Modernität und nicht allein aus der französischen Kultur heraus lebt.

In seinem ersten, 1977 erschienenen Bestseller *Die größte der Einsamkeiten* beschreibt er die emotionale und sexuelle Vereinsamung nordafrikanischer Gastarbeiter in Frankreich. Sein bis dahin erfolgreichster Roman *Sohn ihres Vaters (L'enfant de sable,* 1985*)* wird in fünfzehn Sprachen übersetzt, und für *Nacht der Unschuld (La nuit sacrée,* 1987*)* erhält er schließlich den bedeutendsten Literaturpreis Frankreichs, den *Prix Goncourt*.

Ob man Tahar Ben Jelloun nun als großen französischsprachigen Romancier, als engagierten

Wortführer der maghrebinischen Exilliteratur in Frankreich oder als führenden arabischen Intellektuellen an der Seine einordnen mag, er selbst wird sich vor allem als Literat, nicht mehr und nicht weniger, verstehen. Wir dürfen ihn, der seit den sechziger Jahren in Frankreich *und* in Marokko lebt, für seinen Scharfsinn bewundern, der aus dem Blick für die Differenz erwächst.

Es muss hellhörig machen, wenn sich ein um seine Resonanz gewiss nicht verlegener Poet und – vor allem bei der Zeitung *Le Monde* – engagierter Journalist so eingehend mit dem Rassismus, mit Diskriminierung und Fremdenfeindlichkeit auseinander setzt. Indem er zu Mérièm und zu ihren Freunden spricht, spricht er zu allen Kindern. Das, was er ihnen sagt, lässt keinen Zweifel, dass es uns alle, auch die Gesellschaft der Erwachsenen, angeht. Indem er uns den Spiegel vorhält, drängt er uns, den Wurzeln des Rassismus in der Gesellschaft nachzugehen und dort beim Kampf gegen diese «Krankheit» anzusetzen. Dabei dürfen wir ihn nicht allein lassen.

Seit Veröffentlichung dieses Buches in Frankreich hat sich das Leben Tahar Ben Jellouns ein-

schneidend verändert. Er eilt von Schule zu Schule, von Universität zu Universität, von Diskussionsrunde zu Diskussionsrunde. Überall ist er gefragt, wird um Rat und Intervention gebeten. Vor allem unter den Diskriminierten ist ihm Vertrauen und Hoffnung in einem Maß zugewachsen, dass ihm die Rolle einer Art *Ältesten* zukommt. Zugleich zeigt dies, wie wenig Vertrauen die staatlichen und gesellschaftlichen Einrichtungen genießen.

Dieser Mangel ist nicht nur in Frankreich zu spüren. Seien wir ehrlich. Betrachten die von Rassismus und Fremdenfeindlichkeit Bedrohten in unserem Land den Bundespräsidenten, den Kanzler oder gar den Innenminister als ihre Schutzherren? Natürlich war es ein wichtiges Zeichen, wenn der damalige Bundespräsident den Trauerfeierlichkeiten für die Opfer von Mölln beiwohnte. Der Kanzler unterließ es, und sein Nachfolger machte mehr durch scharfe Worte gegen Kriminelle unter den Ausländern von sich reden, als dass er die Schwachen unserer Gesellschaft als seine Schutzbefohlenen angesprochen hätte.

Überhaupt die Worte. Auf sie ist sehr genau zu

achten. Teilweise sind sie, wie Tahar Ben Jelloun es tut, neu zu buchstabieren. Der Innenminister der neuen rot-grünen Bundesregierung bedenkt seine Worte offenbar wenig – um es zurückhaltend zu formulieren. Er, der sich gerne als Liberaler sieht, eröffnet seine Amtszeit mit der Feststellung, im Hinblick auf die Zuwanderung seien die Grenzen der Belastbarkeit erreicht. Ein Zuwanderungsgesetz erübrige sich deshalb. In welcher Welt lebt der Mann eigentlich? Was weiß er von ihr?

Fremdenfeindlichkeit resultiert aus Angst, erklärt uns Tahar Ben Jelloun. Menschen, die selber unsicher sind, sind anfällig dafür, sich an Schwächeren zu vergreifen. Was macht der deutsche Innenminister? Räumt er Ängste aus? Nein, er spielt mit ihnen und wird sich dabei vermutlich Realismus zugute halten. Doch was macht unser Realissimus eigentlich mit seinen Grenzen der Belastbarkeit, die ihm angeblich so klar vor Augen stehen, wenn in Folge der nächsten politischen Katastrophe auf dem Balkan oder anderswo der Flüchtlingsstrom wieder anschwillt? Dann muss er sich doch der Frage zuwenden, der er sich ohnehin besser gleich zugewandt hätte: wie nämlich die hiesige Gesellschaft die Integration besser bewältigt.

Alle seriösen Szenarien demographischer Entwicklung zeigen, dass diese Gesellschaft, in Maßen zwar, weitere Zuwanderung braucht. Nicht, dass die Zuwanderer zu viele wären, ist das Problem, sondern in erster Linie, dass sie zu schlecht und falsch ausgebildet sind. Der familiäre Zusammenhang erodiert. Eltern vermögen ihre Kinder nicht nur aus kulturellen Gründen und wegen Sprachdefiziten nicht ausreichend in der Ausbildung zu fördern, sondern auch wegen der Anforderungen der sich rasant modernisierenden Arbeitswelt. Die Schule muss hier, ob man will oder nicht, kompensieren.

Betreuung auch am Nachmittag wie auch die Rückgewinnung verlässlicher personaler Bindung zwischen Lehrern und Schülern in festen Klassenverbänden sind das Gebot der Stunde, entgegen den zu einseitig auf Durchlässigkeit und Flexibilität orientierten Bildungsreformen der siebziger Jahre. Die Ganztagsschule in Deutschland einzuführen wäre gewiss ein bildungspolitischer Kraftakt, integrationspolitisch jedoch ein Siebenmeilenschritt nach vorne. Danken würden es nicht nur die Migranten der zweiten und dritten Generation, sondern auch allein erziehende Mütter und berufstätige Eltern jedweder Herkunft. Die finanziellen Aufwendungen wären erheblich. Aber das ist der Preis, den unsere Gesellschaft nicht allein für die Zuwanderung, sondern für ihre Modernität zu bezahlen hat. Es wäre eine Zukunftsinvestition par excellence.

Gewiss, Politiker sind auch nur Menschen. Doch etwas sollten sie von ihrer Aufgabe schon verstehen. Gerade für die Zuwanderung und den Umgang mit Fremden gilt, dass sie, bevor sie gedankenlos oder mit Berechnung die Hysterien der Menschen zur Realität erklären, diese sich genau ansehen, um künftige Realitäten zu antizipieren. Unsere selbst ernannten Realisten jedoch stehen, indem sie den Schlüssel zur Bewältigung der Integration beständig in der Begrenzung der Menge der Zuwanderer suchen, der real notwendigen Modernisierung unserer Gesellschaft breitbeinig im Wege. Diese nämlich täte gut daran, sich in die Lage zu versetzen, neue Einwanderer zu integrieren.

Es gibt keine geborenen Rassisten, erklärt Tahar Ben Jelloun seiner Tochter. Zum Rassisten wird man gemacht. Es ist die Erziehung der Eltern, die ausschlaggebend ist, es sind die Einflüsse des Milieus, es sind die Vorbilder in den Medien und die öffentlichen Reden. Eben deshalb müssen wir auf unsere Sprache achten. In Frankreich hat der Führer des Front National Jean-Marie Le Pen den politischen Diskurs mit der Fremdenfeindlichkeit infiziert. Sie ist gesellschaftsfähig geworden, wie die zweistelligen Wahlergebnisse für den Front National zeigen und, vielleicht mehr noch, die Anfälligkeit der bürgerlichen Parteien für Avancen seitens der Rechtsradikalen. Eben deshalb ist es in Frankreich so wichtig, dem Front National bei Wahlen die Stirn zu bieten und eine öffentliche Plattform für den Antirassismus zu schaffen. Wenn eine Partei, die erklärtermaßen für die offene Gesellschaft eintritt, den Front National bei Wahlen hinter sich lässt, kann dies in Politik und Gesellschaft Frankreichs zu einem wichtigen Stimmungsumschwung beitragen.

In Deutschland hat der Rassismus seine traurigen Ausbrüche vor allem in den ausländerfeindlichen Anschlägen der frühen neunziger Jahre gehabt. Noch heute ist diese Gefahr nicht gebannt. Die Parteien der Fremdenfeindlichkeit stehen meist in den Kulissen der politischen Arena. Dazu trägt auch ihre von zwielichtigen Gestalten geprägte innere Verfassung und die Vulgarität ihrer Wortführer bei. Auf die politische Bühne, das heißt in die Parlamente, gelangen sie vor allem dann, wenn die Volksparteien glauben, ihnen das Wasser abgraben zu müssen, indem sie selbst fremdenfeindliche Stimmungen schüren. Die Gewinner sind dann regelmäßig die Originale vom rechten Rand.

Ist Rassismus normal?, fragt Mérièm ihren Vater. Er ist so normal wie eine Krankheit, die sich im Körper der Gesellschaft eingenistet hat. Er ist alles andere als eine Kinderkrankheit. Er ist eine «Krankheit für Größere», wie Tahar Ben Jelloun seiner Tochter erklärt. Er ist eine Krankheit, die sich vom Vorurteil nährt.

Was ist ein Vorurteil?, fragt die Tochter. Andere zu beurteilen, bevor man irgendetwas von ihnen weiß, lautet die Antwort. Um Vorurteile abzubauen, möchte ich hinzufügen, lassen sich nicht

genügend Grenzen öffnen in Europa. Ob ich in Brüssel die Parlamentsbänke mit Italienern, Portugiesen, Iren und vielen anderen drücke oder ob in der Frankfurter Innenstadt Französisch oder Englisch schon fast zur gleichberechtigten Kneipen- und Bistrosprache gehört, ich fühle mich einfach in einer freieren Welt, und ich möchte, dass dieses Gefühl auch die weniger Privilegierten und die jüngst Zugewanderten teilen können.

Und noch einen Traum habe ich. Schriftsteller lassen sich, wie man weiß, nur ungern vom Schreiben abhalten. Ein Rätsel ist mir, wie Tahar Ben Jelloun, der Vielgefragte, die Zeit finden soll, die Personen seines nächsten Romans, der ein Liebesroman zu werden verspricht, je zum Leben zu erwecken. Dennoch habe ich einen ganz unpoetischen Wunsch an Tahar Ben Jelloun, im Grunde eine Zumutung. Ich träume davon, dass er sich eines Nachmittags die Stunden, die er sonst diskutierend mit Schülern verbringt, nimmt und den versammelten fünfzehn Innenministern der Europäischen Union eine Lektion in Toleranz erteilt.

Dezember 1998

Tahar Ben Jelloun wurde 1944 in Fès, Marokko, geboren. Er studierte Philosophie in Rabat und Psychologie in Paris. Er gilt als der bedeutendste Vertreter der französischsprachigen Literatur aus dem Maghreb, sein Werk wurde in zahlreiche Sprachen übersetzt. Für seinen Roman *Nacht der Unschuld* wurde er 1987 mit dem Prix Goncourt ausgezeichnet, zuletzt erschien *Zina oder Die Nacht des Irrtums*. Seit 1971 lebt Ben Jelloun in Paris, er ist verheiratet und Vater von vier Kindern.